陪孩子度过
7~9岁
叛逆期

李静 著

民主与建设出版社
·北京·

© 民主与建设出版社，2023

图书在版编目（CIP）数据

陪孩子度过 7~9 岁叛逆期 / 李静著 . -- 北京 : 民主
与建设出版社 , 2023.5
ISBN 978-7-5139-4192-1

Ⅰ . ①陪… Ⅱ . ①李… Ⅲ . ①儿童教育－家庭教育
Ⅳ . ① G782

中国国家版本馆 CIP 数据核字（2023）第 084703 号

陪孩子度过 7~9 岁叛逆期
PEI HAIZI DUGUO 7~9 SUI PANNIQI

著　　者	李　静	
责任编辑	廖晓莹	
封面设计	焱　玖	
出版发行	民主与建设出版社有限责任公司	
电　　话	（010）59417747　59419778	
社　　址	北京市海淀区西三环中路 10 号望海楼 E 座 7 层	
邮　　编	100142	
印　　刷	唐山市铭诚印刷有限公司	
版　　次	2023 年 5 月第 1 版	
印　　次	2023 年 6 月第 1 次印刷	
开　　本	880mm×1230mm　1/32	
印　　张	6	
字　　数	95 千字	
书　　号	ISBN 978-7-5139-4192-1	
定　　价	42.00 元	

注：如有印、装质量问题，请与出版社联系。

我曾目睹这样一件真真实实发生的事情，深受启发。

一个二年级的调皮小男孩总是故意在忙于工作的爸爸身边捣乱。他的爸爸并没有斥责他，而是给他一个计时器，说道："孩子，帮我计时，看看我写这个程序需要多长时间。"于是，小男孩不再捣乱了，开始很认真地数时间。"1 秒钟、2 秒钟……1 分钟、2 分钟……"当他数到 30 分钟的时候，他的爸爸安安静静、不受干扰地完成了工作。

这位爸爸的招数可谓是解决问题的关键。小男孩不停地在爸爸身边捣乱，其实是想引起爸爸对他的关注。爸爸将为自己的工作计时这个任务交给小男孩，小男孩"寻求关注"的心理得到满足，就开始专心做事情，不再捣乱了。

孩子常常故意给大人捣乱，这情景想必诸位父母并不陌生。很多父母也是招数百出，但聪明的孩子总能见招拆招，到了最后，父母经常无招可出。为什么会这样呢？因为大多数父母通常都只是看到了问题的表面，而没有像上述那位爸爸那样抓住问题的关键。

　　7～9岁的孩子经常跟父母唱反调，做出一些挑战父母忍耐极限的事情：出门在外，动不动就发脾气；卧室乱糟糟的，从来不自己收拾；看电视和玩游戏时没有时间观念；不爱洗澡；有时会说谎……凡事都由着自己的性子，从来不把规矩当回事儿。

　　这个年龄段的孩子在学校里也常常出现大大小小的麻烦：缺乏学习热情；上课散漫无纪律；写作业粗心马虎还拖延；遭遇"伙伴危机"……

　　孩子为什么如此"叛逆"，凡事都要和父母对着干？拿什么拯救这样的孩子？其实，这些所谓的"叛逆"之举，都是孩子向父母发出的抗议信号。他试图向父母传达这样的心声："我已经长大了""我需要更多的自由""我想独立成长"……

　　父母教育这个阶段的孩子时，需要抓住问题的关键点，讲究一定的方法和策略，用孩子喜欢的沟通方式让孩子与父母达成合作。那么，什么样的方法和策略是孩子喜欢的？什么样的沟通方式能让孩子愿意与父母合作呢？

本书为父母提供了针对 7～9 岁叛逆期孩子的一些实用且非常有效的教养方法，诸如：对于无理取闹的孩子采取"积极暂停法"；利用"积分合作法"来激发孩子收拾房间和书包的动力；用"父母装睡法"对付睡前吵闹的孩子；设立"失败奖"来鼓励没考好的孩子；利用"游戏法"提升孩子的专注力；利用"外部动机法"唤起孩子对学习的兴趣……用有效的方法定规矩，孩子才愿意遵守。

想知道更多实用、接地气的教养招数吗？请翻开本书，耐心寻找吧！

目录

Part 1

不打不骂不动气，叛逆不是孩子的错

Part 2

孩子总是对着干，父母应该怎样做

Part 3

孩子的习惯有问题，父母应该怎样做

Part 4

孩子不爱学习，父母应该怎样做

孩子不爱写作业，父母应该怎样做

孩子人际关系差，父母应该怎样做

做高情商的父母，孩子既独立又不叛逆

Part1

不打不骂不动气，
叛逆不是孩子的错

7~9岁的孩子的行为常令父母大为头疼：常常跟父母唱反调，动不动就发脾气、顶嘴；父母制定的规矩统统都成"耳边风"，屡屡挑战父母的底线；在学校里也常常惹出一些大大小小的麻烦；缺乏学习热情；不好好做作业；遭遇"伙伴危机"……

莫急，莫急，这些看似叛逆的行为，其实是孩子正在成长的信号。父母只需要讲究一定的策略和方法，多用孩子愿意接受的沟通方式使孩子与父母、老师达成合作，就能帮他们顺利地完成一次次成长的蜕变。

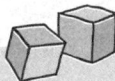

不较劲，用沟通来促成合作

先给大家讲一个小故事。

在一座小岛上，生活着一群快乐的孩子，还有一些认真工作的"直升机"。这些"直升机"在上空盘旋，密切监视着孩子们的一举一动：孩子们吃饭、睡觉、上课、写作业、看电视、和朋友们一起玩耍……统统在"直升机"们的监视范围内。

"直升机"们对孩子也非常溺爱，对孩子的要求几乎是有求必应。但有时候，这些"直升机"会认为自己为孩子做了很多事情，孩子必须听自己的话。有的"直升机"还希望自己能够很好地控制孩子。

随着时间的流逝，孩子们长大了，开始讨厌生活在"直升机"们的监视之下，于是，他们计划逃离这个小岛，去一个更广阔的世界生活。"直升机"们发现孩子们的举动后，便开始了一场和孩子们的"战斗"。

好吧，这里的直升机是不是有点儿过分？孩子们的处境是不是很像"楚门的世界"？请先不要同情这些孩子们，其实仔细想一想，这些"直升机"就是做父母的我们啊！

已经上小学的孩子总是和父母唱反调，动不动就胡闹、发脾气、顶嘴；凡事都喜欢依着自己的性子来；常常故意赖床、迟到；不吃这不吃那，难伺候；在学校经常惹是生非或不善于与其他同学合作；喜欢在大人们工作或聊天时捣乱；不收拾房间，房间乱得像"猪窝"似的；看电视不遵守时间……

孩子为什么处处和父母对着干？这其实是他们向父母发出的抗议信号，表达的是"我已经长大了""我需要更多的自由""我想独立成长"……

父母必须积极改善自己的教育方式，试着给孩子更多的自由，多听听孩子的想法，而不是溺爱过度或控制过度。父母还要多多注意自己与孩子的对话方式，用孩子愿意接受的沟通方式使孩子与父母、与老师达成合作。

　　当然，改变教育方式只是一方面，对于这个时期的"小大人"的叛逆行为，父母还要讲究一定的策略和技巧。比如，对于过于任性、胡搅蛮缠的孩子，可以采取"积极暂停法"；对那些从来不自己收拾房间的孩子，可以邀请和他比较要好的异性朋友来家里做客；对于那些总是故意打断大人工作的孩子，可以让他帮大人看表数时间；对于那些没有时间观念的小电视迷，可以用大书架代替电视墙……

　　要想让叛逆的"小大人"变得懂礼、爱学、有责任感，父母的用心教育固然重要，斗智斗勇也不可忽略！

和孩子一起定规矩

清晨的阳光柔和地铺满通往学校的小径，两旁葱郁的树冠里，传来清脆的鸟鸣声。

许多父母在送孩子开开心心地上学，却听到阵阵雷鸣般的哭声。哭声来自刚上一年级的男孩简简。大家都以为他还没有适应小学生活，抵触上学。后来我才了解到，简简是故意用这种在校门口哭闹的方式来威胁妈妈答应他的一些无理条件。

二年级的小黑丢三落四是出了名的。他父母采取了很多方法来帮他改掉这种坏习惯，比如，他们给小黑定下许多规矩：学习后要将作业本和课本放入书包里；睡前检查一遍明天要用的东西；早晨出门前确认一下有没有落下文具和书本等。可是小黑没有一次是按规矩做的。

三年级的鹏飞，说他是马虎虫一点儿都不过分。他能把自己的名字鹏飞写成"朋飞"；写作文时，把"奶奶"俩字写成"奶牛"……这个马虎虫，任凭他父母采取怎样的措施，制定怎样的规矩，都没有改变。

我的孩子天天和他的好朋友蜜桃算得上让父母省心的孩子，但是偶尔也会挑战父母的底线。天天有一阵子无论如何都不愿意洗漱，心甘情愿当"小花猫"；还有那么一阵子，天天和蜜桃就像商量好了似的，每天放学后都要跑到小超市"买买买"，父母怎么说都没有用。

……

这个年龄段的孩子为什么抵触父母制定的规矩？

一般来说，父母认为自己是父母，孩子就应该听自己的。可是这个年龄段的孩子，已经有一些独立的思想，父母越是要求，孩子越抵触，越不愿意遵守规矩，于是，父母要求得越发严厉，结果亲子关系越闹越僵，孩子从抵触规矩到彻底和规矩对着干。

那么，什么样的规矩才是孩子愿意遵守的？父母如何制定规矩，孩子才不会抵触?

　　规矩不能是僵硬的、冷冰冰的，而应是充满爱的。父母给孩子定规矩时，态度要和善、坚定，并且要和孩子有眼神交流。规矩一定要简单而具体。父母讲完规矩后，一定要让孩子复述一遍。为了让孩子学会遵守规矩，可以采取"积分兑换制"（后文会具体讲述）等，让孩子开开心心地遵守规矩。这样，孩子没有抵触情绪，执行时便会心甘情愿。

信任孩子，孩子才会更自信

"啊！！！"

随着一声惨叫，小黑吓得双腿发软差点儿坐在地上，惊恐地瞪着双眼。大家听到惨叫声，小脑袋瓜不约而同地转向小黑，但随后就发出哄笑声。原来，只是一只小虫落在小黑的课桌上而已。

小黑是个胆小的孩子。他从小就被父母宠溺，父母对他可谓照顾得无微不至：很少让他去野外撒欢儿疯跑，因为他父母认为外面的细菌太多了；从不让他做家务活，怕他受伤；对他的每一位朋友都要严格审核，生怕他交到损友……还给他报了很多的兴趣班，尽管这些并不是小黑的兴趣所在。或许是因为学业压力太大，或许是因为一直被父母紧紧地控制着，又或许是因为很少进行户外运动，小黑经常生病，动不动就请假。

实际上，像小黑这样胆子小、常生病，一丁点儿困难就能被吓倒的孩子大有人在。这些孩子的父母同小黑的父母有诸多相似之处——都是恨不得二十四小时监督孩子，并将已经上小学的孩子当婴儿般对待。其实，父母在抱怨孩子不自立、依赖性强、体质差、性格软弱的时候，可曾想过自己也有很大的责任。

如果想让孩子变得坚强，那"圈养"就远远不如"放养"了。让大自然和社会来打磨孩子吧。父母不妨每周抽出一些时间，将孩子推入自然和社会中，让他从中学会成长。

带孩子走入自然。比如，和孩子一起行走于山溪之间；带孩子去嗅嗅一望无际的金色麦田的味道；和孩子一起去大海边踩着沙滩，吹着海风，捡捡贝壳……

多和孩子去参观一些名胜古迹。这不仅能开阔孩子的视野，使孩子学到许多书本上学不到的历史、地理、文学方面的知识，还能在这个过程中逐渐积累生活经验，提升孩子的生存能力。

父母也要多给孩子一些参与家庭事务的机会。不要把这个年龄段的孩子当小孩看，而要明白，他们其实对很多事情都是有一定的独特的见解。具体来说，可以让孩子参与家庭的一些重大决策，可以让孩子跟着父母一起处理一些家中的大事情……在孩子参与的过程中，见得越多，也越自信，越独立。

叛逆期的教育是关键

做父母的常常希望自己不仅是好父母，还是对孩子有用的父母。可是如果空有想法，而没有好的教养方法，便如同空中楼阁。作为父母，有时候还要随时做好准备迎接扑面而来的各种麻烦。

大壮和皮皮上课的时候经常叽叽喳喳，交头接耳。上个月班里调了座位，两个人的座位都是靠窗户的。他们一下子变安静了：经常看着窗外走神儿，看踱着步子检查纪律的主任、迟到的同学、开得正艳的花儿、花丛里的蜜蜂、树上的小鸟……这一切比上课有意思多了。

而且，这两个孩子最近的作业问题太多了：错误率高、抄袭、马虎、拖延……他俩在整个年级能算得上是"作业小魔头"了。

这些都还不算，两个孩子竟然常常与高年级的几个调皮男生混在一起，向胆小的同学索要零食、文具。因为这些，现在他俩在班里的人缘差极了。

班主任已经不止一次和他们的父母长谈了。

遇到这样的情况，父母首先要做的不是发怒和斥责孩子，而是先反省自己：自己的教育方式是否正确，自己的对话方式是不是孩子愿意接受的，自己怎样说孩子才听得进去，等等。

帮孩子解决成长中的难题需要一些技巧，需要花费一番心思，不妨尝试以下方法。

（1）给孩子设立一个"失败奖"，让不喜欢学习的孩子重新找回信心。

（2）用"摇滚演唱法"唱背英语单词，激发孩子学英语的信心。

（3）利用"游戏法"来提升孩子的专注力。

（4）对于不爱写作业的孩子，不妨在他写作业之前先和他聊聊学校里发生的好玩的事。

（5）利用"外部动机法"唤起孩子对学习的兴趣。

（6）对于遭遇"伙伴危机"的孩子，以孩子喜欢的对话方式，倾听孩子的心声。

（7）让孩子多讲讲老师和小伙伴们的优点，孩子的心态就能更阳光。

（8）给孩子提供一些对付"小霸王"的方法，从而使孩子的内心变得更强大。

Part2

孩子总是对着干，父母应该怎样做

　　已经上了小学的孩子，时常和大人对着干：凡事都依着自己的性子来；早晨是怎么也叫不醒的小懒虫；从来不会收拾自己的房间；吃饭挑肥拣瘦难伺候；经常在学校里惹是生非；动不动就和父母顶嘴，甚至还拿离家出走来威胁！

　　其实，孩子和父母对着干，父母这样做很有效：对于无理取闹的孩子采用"积极暂停法"；利用"积分合作法"来激发孩子自觉收拾房间的动机；用"父母装睡法"对付睡前吵闹的孩子；用大书架代替电视墙帮小小电视迷蜕变为图书迷；等等。

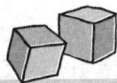

孩子无理取闹，采用"积极暂停法"

★ 将积极暂停法和传统的罚站与面壁思过区分开来

★ 和孩子一起布置一个属于他自己的"冷静角"

暂时分开，彼此冷静，在这段时间里分别反省自己的言行，找到解决问题的方法，这可谓"积极暂停法"。这种方法不仅可用来处理夫妻之间的分歧与争吵，而且可用于亲子沟通。

天天有时候会无理取闹。比如，有一次我和他爸爸曾承诺周末要带他去野外露营，可是计划赶不上变化，周末两天天气突然骤变，再加上工作上有一些比较紧急的事情需要处理，最终我和天天爸只好将露营推迟。结果，天天大哭大闹，任凭我们如何同他解释，他都不肯原谅我们，甚至打算自己背着帐篷去野营。这分明是在威胁我们。我知道孩子想独自去做一些事情是好的，但是对于这个年龄的孩子，独自出去野营显然是不合适的。我既担心又愤怒。这时，我建议道："我们各自回到自己的冷静角待会儿，等想明白了，我们再商量。"

我去书房读那本读了一半的小说，他爸爸赶紧忙自己的工作，天天则去阳台上的冷静角坐着欣赏外面的风景。半个小时后，我们再来商量这件事情时，都平静了许多。天天开始认为下周去野外露营也是不错的选择，毕竟这周天气太糟糕了，如果下雨，那就没办法自助烧烤了，并且也没办法采集植物标本。于是，事情圆满解决。在接下来的周末，我们也履行了承诺。

这件事用的就是"积极暂停法"。当孩子犯了错或无理取闹的时候，提醒、警告、制定规矩、商量等都变得无效时，可以采取这种马上喊"暂停"的方式。它主张父母和孩子都停止正在做的事情，各自待在属于自己的一个特定区域，让自己冷静下来，几分钟或半小时后再继续商量、处理之前的问题。运用积极暂停法来对付胡搅蛮缠、无理取闹的孩子时，要像下面这样做才有效。

🖌 将积极暂停法和传统的罚站与面壁思过区分开来

有些父母认为在亲子沟通不顺畅的时候，让孩子独自去一个角落里冷静一会儿，这不就是传统的面壁思过吗？其实这两者间的差别还是很大的。

罚站和面壁思过是一种冷暴力惩罚方式。父母使用这种方式时，有时还会加上一些诸如"好好反思自己错在哪里"之类的话。如此一来，孩子容易产生逆反情绪，不但不愿意反思错误，而且认为父母不够爱自己。叛逆心重一点儿的孩子甚至会想："你尽管罚，我就是不听！"

而积极暂停法则是指建议将某件事情暂时搁置一下，大家各自去属于自己的一个特定区域先做点儿别的事情。当双方都平静下来时，再重新思考刚才发生的事情。这时，孩子更愿意接受父母的建议，也更愿意反思自己的错误。

✐ 和孩子一起布置一个属于他自己的"冷静角"

父母可以让孩子自主选择家里的某个安静的角落，并和孩子一起对这个角落进行布置，成为孩子的"冷静角"。至于如何布置，最好让孩子自己来决定。有的孩子可能喜欢在冷静角贴一些图画，放上自己喜欢的书籍和玩具。孩子不高兴时，在这个地方看看自己喜欢的书，玩一会儿喜欢的玩具，听听喜欢的音乐，情绪很快就能得到缓解。

当孩子感觉情绪好起来的时候，就是解决问题的好时机。这时，父母可以和孩子商量解决问题的方法。当然，并不是所有的"暂停一会儿"都能收到好效果。更多的时候，孩子虽然在冷静角待了一会儿后情绪好转，不再无理取闹了，但问题仍然比较棘手，并不一定有好的解决方案。这种时候，父母要站在孩子的角度理解孩子，毕竟问题虽然没有好的解决方案，但任性的孩子已经停止了哭闹和胡搅蛮缠，已经学会理智地和父母沟通对话了，他的身心已经于无形中完成了一次蜕变。这已经值得父母宽慰了。

孩子不爱整理，采用"积分合作法"来引导

★ 采用积分合作法，使孩子乐于整理房间

★ 请孩子的异性好朋友来家里做客，使孩子养成整理房间的好习惯

★ 请孩子和他的朋友们一起整理被弄乱的房间

孩子一边玩，一边不停地制造杂乱的空间，父母跟在孩子屁股后面收拾来收拾去。这恐怕是很多父母的切身体验。本以为孩子上了小学就会好许多，可是父母常常郁闷地发现：已经是小学生的孩子还会把书本扔得到处都是；房间

乱七八糟，被子胡乱揉作一团，地上满是零食，饮料洒在书桌上……

天天这个淘气包曾经也是这样的。当他上幼儿园时期，我采取的策略是装作小孩，和他一起玩，边玩边整理。他玩玩具的时候，我便说"我们一起玩吧"，玩得差不多了，就说"这个玩具累了，它想回它的'家'里休息一会儿"，或者说"我们一起来打扫卫生吧，这样你爸爸回来会看到一个干净整洁的家"。

不过，做父母的总是要和孩子斗智斗勇。天天上小学后，这种方法自然就失效了，我不得不改变策略，采取"积分合作法"，即规定好天天应该做的整理任务，将这些任务进行细分，天天每完成一项任务，就获得一个积分，累积了一定的积分后，可以兑换做一件自己喜欢做的事情。这种方法持续了很长一段时间，直到天天上三年级后，这种方法对他就再也无效了，他的房间又恢复到乱糟糟的状态。此时我不得不再次开动脑筋，想出了让天天的异性同学来家里做客的办法。天天为了不让异性同学看笑话，只好乖乖地整理房间。

多数父母都不喜欢孩子将房间搞得乱七八糟，而这个年龄段的很多孩子不喜欢收拾房间。强迫孩子收拾整理可能会使孩子对做家务产生厌烦情绪。这里我将上面所说的几招具体地讲一下。

采用积分合作法，使孩子乐于整理房间

父母可以利用积分合作法帮孩子养成整理房间的好习惯。所谓的积分合作，就是每当孩子完成一项任务时，就给予孩子一定的积分，而累积的一定的积分对应一定的奖励。要注意的是，奖励尽可能不是物质的，而是一些孩子喜欢做的事情。下面这张关于整理房间的积分兑换表，大家可以作为参考。

整理房间的具体任务	积分	对应的奖励
床铺整洁干净	1	1. 看动画片 15 分钟需要 8 个积分。
地面干净无杂物	2	2. 周末和朋友们一起露营玩耍需要 10 个积分。
书桌干净整洁有条理	2	3. 买心仪的玩具需要 30 个积分。
书柜中的书摆放整齐有序	2	4. 去一次喜欢的饭馆吃饭需要 80 个积分。
脏衣服放入洗衣篮中	1	5. 一次短途旅行需要 80 个积分。
……	……	……

🖌 请孩子的异性好朋友来家里做客，使孩子养成整理房间的好习惯

已经上了小学的孩子很在意异性朋友对自己的看法。父母可以利用这一特点使孩子养成整理房间的好习惯。比如，经常邀请住在附近的异性同学和其家人来家中做客。在客人来之前告知孩子，客人有可能会参观他的房间。这样孩子为了给异性同学留个好印象，便会主动整理房间。父母也可以趁此机会告诉孩子一些整理方法，使他又好又快地整理房间。比如，将房间分成玩具区、学习区、休息区、活动区等；将物品分类，分别放入相应的区域内……这样，孩子在整理前，头脑里就有清晰的思路，在整理时就能做得又快又好。

🖌 请孩子和他的朋友们一起整理被弄乱的房间

当孩子的朋友们来家中玩耍时，几个人通常会将玩具、书籍扔得到处都是，将房间弄得乱七八糟。对于这样的情况，父母可以在孩子的朋友刚来家中时，就给他们定下规矩，即玩耍后，一定要将房间整理好，要将玩具、书籍、零食分别归位。

当孩子们结束玩耍时，再次提醒他们遵守之前说过的这

条规矩。一般情况下，孩子和他的朋友们会很快收拾好房间，使房间快速恢复原貌。但凡事也有例外。如果孩子的朋友们不想遵守规矩，那么你也可以试着这样做：走进房间，捡起散落在地上的一件玩具，用鼓励以及和善的眼神看着其中一个孩子，对他说："小朋友，能帮我将这个玩具放回玩具箱吗？谢谢你！"再捡起一件玩具，让另一个孩子帮忙归位。这样，孩子们一般会选择乖乖地帮忙整理。

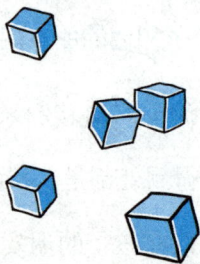

孩子睡眠不规律，巧用一些小招数

⭐ 父母假装睡觉，孩子就会乖乖睡觉

⭐ 对于早晨赖床的孩子，父母可以耍点小花招儿

⭐ 当着孩子的面与人闲聊时，故意夸赞孩子的好习惯

　　见到玉儿妈的时候，发现她脸上黯淡无光，神色疲惫，无精打采的。一问才得知，她最近患上了失眠症，而失眠症的起因竟然是女儿的睡眠坏习惯。玉儿妈和我聊起她的苦恼。

　　刚上一年级的玉儿似乎不太适应小学生活，在很长一段时间里，晚上总是吵吵闹闹不睡觉，早上哼哼唧唧不起

床。本来给玉儿规定的睡觉时间是晚上九点半，可是她根本就不会准时入睡，非要缠着妈妈讲故事，一个故事，两个故事……玉儿妈要讲五六个故事才能把玉儿哄入睡。玉儿睡着的时候，往往已经十一点了，玉儿妈又想为自己充充电，常常不知不觉就熬到了十二点。

而早晨起床对于玉儿妈来说是"一场没有硝烟的战争"。玉儿睡得非常实，闹钟都吵不醒。直到再不起床就迟到时，玉儿才睁开惺忪的双眼，慢吞吞地穿衣洗漱。玉儿的早餐都是在上学路上吃的，即便如此，迟到也成了玉儿的家常便饭。

玉儿的这种情况在许多这个年龄段的孩子身上都发生过。原因是多方面的：夏天天气炎热不想早睡；业余要学琴、绘画等；看喜欢的故事书不想睡；冬天天气冷不想起床；在学校里发生了不愉快的事儿不想起床上学；等等。

但不管是哪方面的因素，晚上不睡觉，早上不起床这样的作息习惯显然既不利于孩子健康成长，也会给孩子白天在学校学习带来一定的不良影响。父母其实可以试试这样一些小方法来对付晚上不睡、早晨赖床的孩子。

父母假装睡觉，孩子就会乖乖睡觉

每天晚上到了固定的时间，父母也要停下手头的事情，和孩子一样，准时去睡觉。

刚从幼儿园过渡到一年级的孩子，多数还保留着睡前听故事的习惯，父母可以给孩子讲两三个故事，时间控制在十五分钟。然后父母假装已经非常困了，必须马上睡觉去。此时，孩子看到父母瞌睡的样子，自己也会受到这种瞌睡"氛围"的感染，乖乖睡觉去。

对于二、三年级的孩子们来说，父母为自己读睡前故事已经成为过去式。他们更愿意在睡前自己读一些故事书或者做一些小手工，甚至有的孩子睡觉前仍在写练习题。在这种情况下，父母仍旧要在固定的时间假装已经非常困倦了，并关掉家中大大小小的灯，停止手头所有的事情。孩子发现周围一片静寂，唯有自己卧室还灯火通明，过不了多久也会受到这种氛围的影响，乖乖去睡。

对于早晨赖床的孩子，父母可以耍点小花招儿

1. 拉开窗帘，请阳光唤醒孩子

当卧室光线比较暗时，孩子处于一种比较舒服的睡眠环

境中，即使到了起床时间，也常会赖床。而拉开窗帘，让阳光进入卧室，再打开窗户，清新的空气迎面扑来。在这样的环境下，孩子会睡意全无。

2. 放些轻松欢快的音乐

父母可以在孩子已经醒了但还不愿意起床的情况下，放一些轻松欢快的音乐，儿歌是不错的选择，但注意音量尽量小一些。欢快的音乐能促进大脑血液循环，使孩子睡意全无，很快就能乖乖起床。

3. 父母偶尔要点儿小花招儿和赖床的孩子斗智

如果在改变了外在环境的情况下，孩子仍旧赖床，此时不妨要点儿小花招儿。

比如，"你闻闻这味道，猜猜妈妈今天做的早点是什么？是你爱吃的鸡蛋火腿炒饭！再晚起一会儿可就被爸爸吃完了！""外面的抽屉里有你的一个快递，想不想知道是什么东西？赶紧起床去看看吧！"诸如这样的小花招儿，父母只要多动动脑筋，就能想出很多来。

🖊当着孩子的面与人闲聊时，故意夸赞孩子的好习惯

如果这段时间孩子晚上按时睡觉，早上不赖床，那么父

母可以故意当着孩子的面，与人闲聊时夸他有自觉性，生活很规律。注意，说的时候不要太刻意。在一旁的孩子"无意"中听到这样的夸赞，一般会更加自觉地坚持这一好习惯。

孩子迷恋电视，转移其注意力

★ 对付小小电视迷，不如用大书架来代替电视墙

★ 用涂鸦墙来吸引孩子的注意力，使孩子不再关注电视

　　我曾认识一位妈妈，在他们家住在旧房子里时，客厅中正对沙发的是一个大书架，而电视则被放在一个小角落里。一家人闲来无事坐在沙发上休息的时候，第一眼看到的就是书架。那时，读书几乎是一家人每天的必修课。可自从搬进新家后，一家人就不喜欢读书了，都变成了电视迷。孩子们因为每天看电视，学习不专注了，视力也明显下降。思索再

三，全家人决定改变现状。这位妈妈发现，如今的客厅最显眼的就是那一堵漂亮的电视墙，而沙发就在电视墙对面，坐在沙发上第一眼看到的就是电视。她突然有了主意。和全家人商量后，他们改变了客厅的布局，用大书架代替电视墙，书架上整齐地摆放着书籍，而电视则被放在不起眼的角落。很快，全家人又爱上了阅读。

除此之外，还有一个实用性很强的方法，也可以改变孩子对电视的迷恋程度，那就是用涂鸦墙来吸引孩子的注意力。

有些孩子喜欢一边看电视一边写作业。对于这种情况，父母不妨在远离电视的地方——可以是书房，也可以是阳台一角，留一面涂鸦墙，因为孩子大多比较喜欢绘画。这样，孩子不写作业的时候，就不会是盯着电视，而是可能会在涂鸦墙上涂涂画画。一旦孩子的注意力被转移了，电视也就会渐渐淡出他的生活。

除了以上两种方法，父母还可以尝试制定"无电视日"，将一周的某一天或某两天设定为"无电视日"。在这个日子里，全家人远离电视，做一些孩子感兴趣的事情，诸如短途旅行、工艺小制作等。孩子的生活充实了，不无聊了，也就不会用看电视来消磨时间了。

孩子总挑食，父母的引导很重要

⭐ 父母为孩子做不挑食的榜样

⭐ 让孩子当父母的小帮手，亲自做自己喜欢的饭菜

⭐ 父母做饭时多花点儿心思，常做些新花样

⭐ 一招儿让"爱零食胜过正餐"的孩子远离零食

⭐ "粗茶淡饭，蔬菜相伴"胜过天天大鱼大肉

　　阴历二月中，我和天天在一个风和日丽的上午，带着小刀和布袋，去郊外的田间地头挖荠菜。我先用小刀轻轻挖出一点儿荠菜的根，然后天天一手捏住整棵荠菜，将它连根拔

起。差不多一个小时，我们就挖了满满一袋子荠菜。回家后择菜洗菜，烫洗剁碎，放入肉和蘑菇做馅料，然后包饺子。整个过程都是"小厨师"天天同我一起完成。热腾腾的饺子出锅后，"小厨师"连吃20个，揉揉肚子后，心满意足地玩儿去了。

天天胃口好，从不偏食和挑食。他也喜欢参与做美食，小小年纪，已经会做蛋挞、大饼、沙拉等，在吃饭方面他从没让我费过心思。因为胃口好，所以他个头高，体质好，精力充沛，很少生病，偶尔风寒感冒一次，喝点红糖姜汤，睡一觉就好了。

周围的很多妈妈都向我讨教让孩子喜欢吃饭的小偏方。我也确实知道，很多孩子即便上了小学，吃饭时也没有一个好胃口，更没有好的饮食习惯。有的偏爱零食，正餐吃得极少；有的挑三拣四，这不吃那不吃；还有的甚至像个小宝宝，必须父母追着喂饭才能好好吃。

上述几种情况，无非以下这几种原因：父母做的饭菜确实不合胃口；孩子比较反感父母催促吃饭的做法；平时运动量少，胃口不佳。其实，父母只要变些花样，讲究一些策略，就能让孩子胃口大开，不再挑来拣去。这里有些小小的建议，父母们不妨一试。

✏ 父母为孩子做不挑食的榜样

孩子们的口味大多和父母的口味相似。如果父母偏爱吃甜食，孩子一般也比较喜欢吃甜食；如果父母偏爱肉食，不喜欢吃蔬菜，那么孩子一般看到绿叶蔬菜时也会如临大敌。要想让孩子不挑食，父母首先要不挑食。父母的饮食习惯会在潜移默化中影响孩子的饮食习惯，孩子看到父母不挑食，慢慢地也会养成不偏食、不挑食的好习惯。

✏ 让孩子当父母的小帮手，亲自做自己喜欢的饭菜

在孩子不忙的时候或者周末，父母可以和孩子一起做饭。孩子吃自己做的饭菜时，不管味道如何，常吃得津津有味。孩子参与得多了，也就不再那么挑剔了。孩子参与做饭前，父母可以教给孩子一些做饭的技巧，厨具的使用方法以及一些安全常识。这样孩子在做饭时就不会手忙脚乱，也不会出一些不必要的岔子。

✎ 父母做饭时多花点儿心思，常做些新花样

倘若父母做的饭菜千篇一律，孩子每天面对单一的菜式，自然提不起吃饭的兴趣。孩子们都喜欢新奇的事物，吃饭也不例外。如果父母做饭多点儿创意，孩子看到"好看"的饭菜时，自然就有了胃口。举个简单的例子：父母在烙饼的时候，不要单纯地烙面饼，可以在面中加入一些蔬菜，比如胡萝卜末、葱花、青菜末等，这样烙出来的饼不仅好看，而且有营养，也好吃，孩子也就更愿意吃。

✎ 一招儿让"爱零食胜过正餐"的孩子远离零食

有些孩子的胃似乎被零食"侵占"了，吃正餐的时候不好好吃，吃起零食来却津津有味。这也是很多父母比较头疼的问题。父母们常常会给这样的孩子制定出一些关于吃饭的规矩来，但很难有好的效果。

古话说："将欲取之，必先予之。"对于爱吃零食的孩子也可以用这个小招数。他爱吃什么零食，就干脆给他买很多，让他一次吃个够。一般来说，即使是再爱吃的零食，如果连着吃也会吃烦，甚至会对这种零食产生厌恶情绪。这样一来，

过不了多久，孩子就会主动放弃这种"爱吃"的零食，转而喜欢吃正餐。

✎ "粗茶淡饭，蔬菜相伴"胜过天天大鱼大肉

有些父母总是担心孩子营养跟不上，每天的饭菜都以大鱼大肉为主。这样的饮食结构非常不合理，极易使孩子成为小胖墩，或性早熟。平时要多给孩子吃些蔬菜、水果和粗粮，既均衡了营养，又有利于孩子健康成长。不过，粗茶淡饭也不能做得马马虎虎，还是要多多考虑到孩子的口味。比如，可以将蔬菜和水果混合做成沙拉，把麦片加入牛奶中煮着吃，将玉米加点儿糖煮熟吃，等等。

孩子爱顶嘴，耐心倾听做好沟通

⭐ "直升机式"父母要反省自己属于溺爱过度还是控制过度

⭐ 父母在说"不"前，请先冷静一下，听听孩子的想法

⭐ 用有限制的选择问句来与顶嘴的孩子达成合作

　　经常有父母向我咨询这样的问题："我的孩子不听话，动不动就顶嘴。我该如何帮他改掉这个坏毛病？"每当这个时候，我都会说："那是因为你太不了解孩子了，不懂得如何与孩子合作。"此话怎讲？

当父母试图将自己的想法以命令或批评的方式强加给孩子时，孩子的第一反应就是顶嘴。这其实是孩子正在成长的标志，他在试图向父母传达这样一些信号——"我长大了""爸爸妈妈你们自己要以身作则""我是正确的""你们需要关注我""我不喜欢现在的相处方式"，等等。

我印象比较深刻的是一个爱顶嘴的九岁小女孩。她妈妈带她来咨询的时候，她的眼睛里满是愤怒，几乎她妈妈说每句话，她都要顶嘴驳回。她妈妈实在气不过，便没完没了地批评她。小女孩也不甘示弱，顶嘴无法占上风的时候，竟然开始对妈妈拳脚相加。我不得不让她们在"冷静角"冷静一下。

我给小女孩看一个玩偶娃娃，并对她说："小姑娘，你的发夹颜色可真漂亮啊。阿姨想请你帮个忙，看看我的玩偶娃娃配个什么样的发夹好看？我很想听听你的想法。"而我让她妈妈在一个小书房看看杂志，休息一下。

小女孩先从"冷静角"出来，她对玩偶娃娃的发夹给出了一些建议。她妈妈看到我们交谈得非常顺畅，眼睛睁得大大的。我见时机刚好，就告诉她妈妈一些解决孩子顶嘴并达成合作的有效小方法。

✏ "直升机式"父母要反省自己属于溺爱过度还是控制过度

所谓"直升机式"父母，就是形容一些父母像直升机似的，整天盘旋在孩子头顶，时时刻刻监控着孩子，要么是对孩子溺爱保护过度，要么就是对孩子控制过度。这两种情况都压抑了孩子的成长需求，孩子顶嘴是给"直升机式"父母发送的一种反抗信号。父母必须意识到自己的教育方式出错了，并积极改善。这是父母与顶嘴的孩子达成合作的第一步。

✏ 父母在说"不"前，请先冷静一下，听听孩子的想法

面对孩子顶嘴，很多父母通常直接给予否决或者采用质问的语气同孩子交谈。就拿孩子想买一个玩具来说，如果家里已经有了同类玩具，父母通常会说："不行，你不是有一个和这差不多的玩具吗？"或会说："没有这个，难道就没朋友和你一起玩耍吗？"……否定和质疑的说话方式会很让孩子恼火，进而使得顶嘴升级。

此时，父母最好的做法是先听听孩子的想法，然后再和孩子一起考虑如何解决这件事情。我们还是以买玩具为例。当孩子提出要买时，父母可以问他："这个玩具家里已有类似的，我想听听你非买不可的理由。"此时，孩子自然会说出自

己的想法。父母接下去可以和他一起分析孩子的想法是否需要马上实现。相信经过一番分析，孩子也会判断出是不是要买，而不是继续顶嘴。

🖊️ 用有限制的选择问句来与顶嘴的孩子达成合作

当父母用命令的语气同孩子说话时，孩子常会顶嘴反驳这种说话方式。要想与爱顶嘴的孩子达成一致，父母就要学会用有选择的问句同孩子交流。比如，"你愿意明天在家里画画，还是现在画完，明天出去玩？"面对这样的问句，孩子通常会选择第二种。父母用这种对话方式和孩子交谈时，一定要将正确的选择放在第二个问句上。

- 当孩子赖床时：
  你愿意让我帮你穿衣服，还是_____？
- 当孩子跌倒时：
  你愿意_____，还是_____？

- 当孩子看电视超过规定时间时：
  你愿意_____，还是_____？
- 当孩子迟迟不睡时：
  你愿意_____，还是_____？

- 当孩子不写作业时：
  你愿意_____，还是_____？
- 当孩子不好好地吃饭时：
  你愿意_____，还是_____？

Part3

孩子的习惯有问题，父母应该怎样做

　　约好了洗脸刷牙要认真，可孩子就是偷懒耍滑；说好了去超市时只能买一件东西，可孩子总把购物车塞得满满的；带孩子出门时，孩子总是拿出"哭闹撒手锏"来威胁父母答应自己的要求；孩子总是丢三落四、马马虎虎……

　　想和这样的孩子定规矩，并让他积极主动遵守，不妨试着这样做：定规矩时，态度要和善而坚定，要和孩子有眼神交流，并一定要让孩子复述一遍规矩。为了帮孩子学会遵守规矩，仍然可以借用"积分兑换制"等方法。

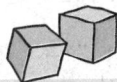

孩子不爱干净，制定洗漱规矩

★ 父母的态度要和善而坚定，并且要和孩子有眼神交流

★ 说出规矩时，你的语气和态度要符合你的眼神所传达
  的信息

★ 提出规矩后，让孩子复述一遍规矩的具体内容

★ 当孩子按照规矩做事后，要及时给予赞美

如今，我每次和天天出门时，天天总能收获许多类似这
样的赞美之词："瞧瞧人家这孩子，收拾得干净利索，很有范
儿！"……这样的赞美听久了，天天已经习以为常。

天天并不是天生爱干净的孩子，甚至在上一年级时，相当长的一段时间里都是名副其实的"小花猫"，连脸都洗不干净。每天早晨和晚上洗漱时，天天为了逃避洗脸、刷牙和洗澡，想了很多鬼点子。

天天的爸爸非常纳闷儿：孩子上幼儿园时还每天主动洗漱，非常爱干净，怎么上了小学后反而不认真洗漱了？我知道孩子的某些行为确实会出现一些反复，是正常现象。天天一向喜欢短途旅行，又爱吃烤肉，我们就给他定了一些规矩，诸如：每周只有天天认真洗漱，周末才可以来一场小小的旅行；坚持认真洗漱十五天，就能去吃一次自助烤肉。可是天天却宁可不得到这些奖励也不认真洗漱。

我和天天的爸爸仔细思索后，意识到我们在定规矩时过于直接，太死板，且多是命令的口气。已经将自己看作"小大人"的天天怎么会顺从这样的规矩呢？于是，我们改变了定规矩的模式。没想到在很短的时间里，"小花猫"就摇身一变，成了干净清爽的小同学。这里就将我们制定洗漱规矩的详细方法分享给大家。

✏️ 父母的态度要和善而坚定，并且要和孩子有眼神交流

在给孩子陈述规矩的时候，最好是走到孩子面前，用和善且坚定的眼神看着孩子的眼睛。这算得上是一种心理战术，这样做的好处是，孩子能从父母的眼神中感受到父母的态度，知道父母将要说的话很重要，而且父母很尊重自己，但父母定规矩的决心也非常坚定。在这种情况下，孩子比较容易听父母提出来的规矩。

✏️ 说出规矩时，你的语气和态度要符合你的眼神所传达的信息

当父母和孩子说规矩的具体内容时，如果采取的是命令或嘲笑等负面语气，孩子就会产生一定的心理压力，对于处于叛逆期的孩子来说，更不愿意执行。当然，还有些父母在向孩子说规矩的时候，语气态度上过于和善，甚至用哀求的语气，在这样的情况下，孩子就在心理上占了优势，根本不会把父母定的规矩放在心上，有时，他们会直接说"不"，拒绝得相当干脆；有时，他们会同大人讨价还价，甚至发生争执。

你每天都要洗漱。好不好？就算帮帮我们了，你早晨一定要洗漱啊！

大人真笨！我才不愿意帮忙！

你需要这样做：早晨起床后和晚上临睡前，认真洗脸、刷牙。

我要认真考虑这件事情。

提出规矩后，让孩子复述一遍规矩的具体内容

当你用坚定而和善的态度提完规矩后，要让孩子复述一遍。这样做的结果是，孩子不但会记住这条规矩，而且会在接下来的时间里执行这条规矩。还是以天天为例。早晨起床后，他像从前那样坚决不洗脸，我走近他，用和善而坚定的眼神与他对视，他不自觉地低下头。当他再次看我时，我用坚决又比较和气的语气提出：“天天，请你马上去洗脸、刷牙。”他噘着嘴，明显有点儿不满。我让他复述规矩，他复述了一遍，见我的语气和态度不容置疑，虽然不满，但还是照做了。

🖌 当孩子按照规矩做事后，要及时给予赞美

孩子执行规矩后，父母一定要及时给予称赞，这能激励孩子坚持执行规矩。还是拿天天的例子来说，他遵照规矩洗脸、刷牙后，我会微笑地赞美他："你洗漱特别认真。我注意到你洗脸后很像电视剧里那个小小男主角，非常酷！来照照镜子，脸上白白净净的，这下看起来真清爽啊！"

孩子爱捣乱，四步可以"治愈"他

⭐ 第一步：对于有这样行为的孩子，父母要理解原因所在

⭐ 第二步：定下不打扰他人的规矩，让孩子知道遵守规矩的好处以及违反规矩会受到的惩罚

⭐ 第三步：模拟具体情境，检验孩子对规矩的执行力

⭐ 第四步：问题不是一次性能解决的，反复几次后才能见成效

大家知道我对儿童教育比较有研究，所以喜欢和我探讨自家孩子的种种问题。有位妈妈说自家孩子太调皮捣蛋，虽然已经上二年级了，却特别没有眼力见儿，往往是父母越忙，他越要捣乱。这位妈妈在家办公，客户的电话常常一个接一个。孩子一旦发现妈妈打电话，就凑过去扯着嗓子大喊，为此不少客户都觉得他的妈妈不够专业，取消了订单。她说对孩子打也打了，骂也骂了，甚至用了奖励的方法，但统统无效。

孩子总是有意无意地打扰父母的工作或谈话，这样的问题太普遍了。我曾经帮一些父母解决过类似的问题，只需要做好以下这四个步骤，一般"治愈"率为90%。

✎ 第一步：对于有这样行为的孩子，父母要理解原因所在

很多父母都认为孩子做出以上这些行为是故意的，因此非常恼火。而对于这个年龄段的孩子来说，他虽然看到父母愤怒了，自己却觉得非常无辜，叛逆的情绪反而更强烈了。

父母要意识到这样一个问题：对于这个年龄段或更小一些的孩子来说，他可能并不是故意捣乱，而是寻求父母的关

注。更有一些叛逆性比较强的孩子不停地打扰父母，不过是想证明父母根本管不了他。

因此，父母要多站在孩子的角度想问题，在处理这样的情况前，先理解孩子行为背后的原因，这样就能心平气和地为孩子定规矩了。

✐ 第二步：定下不打扰他人的规矩，让孩子知道遵守规矩的好处以及违反规矩会受到的惩罚

按照之前讲过的方法，父母要暂时放下手头的事情，坚定而和善地看着孩子的眼睛，具体而明确地说出规矩的内容："在妈妈工作或打电话的时候，不要打扰妈妈。等妈妈忙完，咱们再来聊聊你想让妈妈知道的事情。"说完之后，让孩子复述一遍这条规矩。然后告诉孩子，遵守这条规矩，可以得到哪些奖励。对于小学生来说，奖励越具体，越容易兑现，就越有吸引力，孩子就会努力去遵守规矩。当然，父母在制定奖励的同时，也必须制定出不守规矩会受到的惩罚。惩罚的力度要与奖励的力度一致。

遵守规矩得到的奖励	不守规矩受到的惩罚
奖励 1 个积分	扣除 1 个积分
奖励一本喜欢的书	买一小盆多肉植物的计划推迟
去喜欢的餐厅吃大餐	周末露营取消
……	……

🖌 **第三步：模拟具体情境，检验孩子对规矩的执行力**

给孩子定下规矩后，为了保证孩子的执行力度，可以事先进行模拟练习。

父母可以在实施模拟情景之前，要明确对孩子再重复一遍规矩的内容，以及遵守规矩和违背规矩所得到的奖励和受到的惩罚。然后父母可以请朋友们故意给自己打电话或制造忙碌情景，看看孩子执行的情况。

另外，为了帮孩子顺利地遵守规矩，父母也可以给孩子分配一些小任务。比如，"妈妈要忙了，你记住我们的规矩。这是计时器，你帮我看看我打这个电话需要多长时间。"

也许当妈妈打完一通电话后，孩子会这样说："妈妈，您继续打电话吧，才过了 2 分钟！"

🖉 第四步：问题不是一次性能解决的，反复几次后才能见

成效

孩子做事总会有些反复，父母要放平心态，所有的问题
不可能一次性就能解决，反复几次后才有可能见到成效。

孩子总是丢三落四，采用"自然后果法"

⭐ 立下规矩，让孩子品尝自然后果，学会为自己的行为买单

⭐ 父母使用自然后果法时需要注意的问题

小黑丢三落四的毛病非常严重：上课时常常找不到课本；书桌总是乱糟糟的；放学回家后，不是作业本、课本忘了带回来，就是忘了记下作业内容；橡皮、尺子、本子经常不知道丢到了哪里……

小黑的爸爸妈妈工作非常繁忙，下班后，除了做饭、收

拾家，还要不断地因为小黑丢三落四的毛病而经常出入于文具店，去买铅笔、橡皮、尺子、练习册……甚至还从网上下载了几套电子版课本，以应对小黑忘记带课本回家的情况。小黑的妈妈说，他们用了很多方法，可就是拿他没办法。

我向小黑的妈妈询问了一些小黑的具体情况后，发现丢三落四的小黑虽然在家中对父母非常依赖，但在学校却自尊心很强。如果老师批评了他，或同学笑他健忘等，他都会非常郁闷。对于这样的孩子，可以试着用自然后果法来使他产生改变。

自然后果法是法国著名的教育家卢梭提出来的。其中心意思：某些情况下，当孩子犯了错误后，父母不要直接进行干涉、制止或惩罚，要让事情自然而然地发展，让孩子通过体验自己的过失或错误行为产生的后果，从中吸取教训，进而纠正自己的行为。

🖌 立下规矩，让孩子品尝自然后果，学会为自己的行为买单

对于习惯了丢三落四且自尊心比较强的孩子，父母可以事先和老师沟通，请老师配合做好自然后果法教育。我们以小黑的事情为例。小黑的爸爸妈妈向小黑立下以下两条规矩。

1.以后丢了橡皮、尺子之类的学习用具，请自己花钱，自己去买。

2.如果忘记记下作业内容或忘记带课本回家，请自己想办法解决。如果实在没办法，那就不要写作业了。

早晨刚定下规矩，傍晚小黑放学后就说语文课本忘记带回来了，而且还丢了文具。小黑的妈妈忍住了"当一个勤快妈妈"的想法，让小黑复述了一遍规矩，然后就自顾自做饭去了。小黑咬咬牙，拿出自己的零花钱下楼买文具，这可是他攒着想买玩具的钱！然后他又自己从网上下载语文课本，但第二天他还是因为没能记全作业被老师批评了。他的自尊心很受挫。在那之后，尽管还会有丢三落四的问题，但小黑不断吸取教训，越来越进步了。

父母使用自然后果法时需要注意的问题

父母使用自然后果法纠正孩子的不良行为的好处是，孩子不会觉得父母是在惩罚自己，因为这错误是他自己犯的，承担者也是自己，父母并没有参与其中；自然后果法能让孩子从自己所犯错误的后果中吸取教训，促使自己修正行为。

但是自然后果法不是万能的，并非适用于所有情况。父母在用自然后果法时，需要注意以下三方面。

（1）要想让自然后果法充分发挥作用，父母就要狠下心来，学会放手。在孩子承受犯错产生的后果时，即便心疼孩子，也要装出不在意的样子。

（2）父母有时可以人为地制造一些自然后果，实现教育的目的。

（3）要搞清楚自然后果法适用的范围，不能因使用自然后果法而将孩子置于危险之中。比如，天黑了孩子还不想回家，这种情况下如果用自然后果法处理，就有可能将孩子置于危险之中。

孩子粗心马虎，培养其条理性是关键

★ 每周至少和孩子一起整理一次房间

★ 教孩子整理书包，让学习变得有条理

★ 整理书桌，学习更高效

　　天天曾向我说起他的朋友鹏飞："他呀，虽然是班长，但也是我们班的搞笑大王。"说完，他便不自觉地咯咯笑起来。接着，他说起了鹏飞的"事迹"。鹏飞粗心马虎到什么程度？在黑板上为自己画了一幅自画像，把署名写成"朋飞"；写作文经常是一气呵成，速度惊人，但错别字也常常能把人笑喷，比如写"奶奶"的时候，竟然在个别地方写成了"奶牛"，消息不知道什么时候真的传到了他奶奶的耳朵里，老人家又气又笑……

其实何止是鹏飞，很多小学低年级的孩子们都有粗心大意的问题：写练习题时，不是看错数字，就是看错符号；自己穿鞋经常穿反；课本常常乱放，以致找不到……

对于孩子粗心马虎这个问题，父母们可谓招数百出，可是效果并不明显，甚至还因方法不当而使孩子产生抵触情绪。"治病要治本"，同样，要想纠正孩子粗心大意的问题就要从根源入手。粗心大意，说到底是这个年龄段的孩子缺乏条理性所致。因为头脑里对如何做一件事情并没有清晰的概念和计划，表现为在做很多事情的时候马马虎虎，杂乱无章。

要想使孩子做事情井井有条，培养孩子的条理性，减少或纠正粗心大意的情况，可以试着从以下三方面着手。

每周至少和孩子一起整理一次房间

如果孩子的房间乱糟糟的，地板上堆满衣服、袜子、课外书，床上的被子也乱七八糟，书桌上更是杂乱无章，甚至没有写作业的地方，那么，身处这种环境的孩子做事很难有条理性，做事时常常思路不清晰，导致事倍功半。父母可以每周末和孩子一起整理一次他的房间，星期一至星期五这段时间则让孩子自己整理房间。可以教给孩子这样的方法。

（1）给卧室划区。大致分为学习区、休息区、娱乐区、收纳区等。

（2）整体性整理。变质的零食、损坏的玩具以及不属于孩子房间的东西统统清出去。整理时，不放过任何角落。

（3）之后，按照顺序分别整理学习区、休息区、娱乐区和收纳区。每个区域内只放属于本区域的东西，而且要整洁、一目了然。

🖌 教孩子整理书包，让学习变得有条理

教孩子整理书包时，父母要和孩子一起整理，边整理边说清楚步骤，大约一两周后鼓励孩子自己整理。整理书包可参照以下这几步。

第一步：清理没用的东西，比如零食袋子、废纸等。把暂时不用的书本放到书架上。

第二步：整理文具、水壶等。将铅笔、尺子等都收入文具盒；将水壶放在书包外面专门放水壶的袋子里。

第三步：将书本分类，比如课本、笔记本、作业本等。归类后分别放入书包的不同夹层里。

第四步：制作一张简略的"书包地图"，标示出书本、文具等在书包中的具体位置，将它贴在文具盒中。以后整理书包或从书包里找东西时，就能大大提升效率。

✏ 整理书桌，学习更高效

书桌的整理方法和书包的整理方法类似，具体分为以下几步。

第一步：清理书桌表面。先将桌面的东西统统放一边，然后用抹布把桌子擦干净，之后对桌面上的东西进行归类整理。

第二步：整理书桌抽屉。把书桌抽屉分为文具区、课本区、练习本区等，然后分别将东西对应放入不同的区。

第三步：清扫地面。在整理书桌的过程中，会有一些垃圾掉在地上，整理完书桌后，将地面清理干净。

孩子沉迷电子游戏，采用"自编游戏法"

★ 给孩子提供一种将游戏与学习完美结合的方法

★ 对于沉迷电子游戏的孩子，给他提供有限制性的选择和规矩

★ 全家人每周安排一天"无电子产品日"

　　这一阵子，天天的举止有点儿奇怪。以前，天天写完一些练习题后会看书，偶尔看看动画片。可最近他似乎并不热衷这些了，写完作业就开始玩起手机来。

　　我并没有过多干涉，因为我发现，他的确是在手机上下

载了一些有价值的 APP 来学习的。而且，我也希望天天学会支配自己的时间。

可是我发现，这些日子，鹏飞和心雨来找天天学习时，总是会不自觉地讨论"闯了多少关""玩到几级了""如何更快闯关，晋升为尊上"之类的话题。我给他们端水果时，他们的讨论声戛然而止。

天天和心雨马上低下头，小脸蛋红红的，继续学习。

鹏飞耸耸肩，说道："阿姨，我们最近是在玩游戏，但并没有影响学习。"

我很清楚，在这种情况下，如果我批评他们，他们表面上可能会满口答应不再玩了，实际上会悄悄转移"阵地"。

"你们不知道，阿姨小时候也是个游戏迷呢！我们那时候玩的游戏和现在的很不同，不过好玩程度是一样一样的。"

他们听我这么一说，就来了兴致，想和我讨论一番游戏的"妙处"。在他们津津乐道种种游戏的玩法时，我抓住时机，自然而然地插话道："我这个过来人后来发现，别人编的游戏终究不够有挑战性，不如自己编的游戏好玩！"

三个孩子眼睛睁得圆圆的。"妈妈，我可从来没听您说过呢！""阿姨，您会自己编游戏？""阿姨，快说说您都是怎么编的？"

我看他们对此颇有兴致，便杜撰了我的自编游戏玩法。后来，我发现这招对于沉迷游戏的孩子很管用，甚至还达到了将学与玩完美结合的效果。这到底是一种什么样的方法呢？

✐ 给孩子提供一种将游戏与学习完美结合的方法

我给这三个孩子提供的新型游戏玩法是这样的：自己动脑编游戏，将课堂知识和游戏充分结合，闯每一关都必须要解决一些难题。而且游戏中如何闯关，每一关会发生什么样的事情，完全由自己来设计，这可比单纯地玩别人设计的游戏更有吸引力。

孩子们一听，来了兴致。接下来的一段时间，他们真的将学习内容和游戏相结合，自编了一些好玩的游戏，而且，这些游戏还是"真人版"的，比在手机上更好玩。孩子们在玩的过程中，不知不觉地将所学的知识融会贯通，可谓一石二鸟。

当然，这种方法对某些孩子来说再合适不过了，但对于另一些孩子来说，可能并不奏效。下面还有几招，可供诸位父母选择。

对于沉迷电子游戏的孩子，给他提供有限制性的选择和规矩

对于沉迷电子游戏的孩子，"堵"不如"疏"。父母不宜采取过于严厉的手段，倒是可以给孩子提供一些有限制性的选择，使孩子逐渐减少玩电子游戏的频率。

比如，可以告诉孩子："每天写完作业后，可以玩20分钟游戏。""你每天可以有半个小时的'屏幕时间'，是看电视还是玩游戏，自己做主。"制定出这样具有限制性选择的规矩后，仍旧让孩子复述规矩的具体内容，并说出遵守规矩所能得到的积分或奖励，不守规矩应扣掉的积分以及将受的惩罚。

全家人每周安排一天"无电子产品日"

父母可以将周末两天中的一天定为"无电子产品日"，在这一天中，父母和孩子都不看电视、玩手机、玩游戏等。这一天，全家人可以一起去郊游，一起做手工，一起阅读，一起逛街，等等。在没有电子产品的日子里，大家不仅会过得很充实，而且彼此间的关系也会更加融洽。

孩子缺少责任心，不妨让他当回"小管家"

★ 要想培养有责任心的孩子，父母就要采取相应的教育方式

★ 制定小规矩，让孩子当好家里的"小管家"

　　秋日，我和天天在林中玩耍。天天用掉落在地上的叶子，颇有耐心地在地上拼出"精灵王国的小王子"头像。不过，"小王子"头上还差一顶漂亮的王冠，天天执意要去找一些鲜红的枫叶来拼王冠。

　　我们看到不远处的河边有一棵叶子火红的枫树。天天太

兴奋了，飞奔而去，却"啪"的一声被一块石头绊倒了。

"天天，很疼吧！"我扶起他，安慰道。我很是心疼，但并不过于紧张。天天的膝盖磕破一层皮，但他并没说什么，而是捡起石头，把它扔进草丛，说："这样，别的小朋友就不会再被绊倒了。"

在我坚持不懈的教育下，天天特别有责任心，自己的事情自己做，不过多依赖爸爸妈妈。而且他犯了错误时，也知道要自己去承担。不仅如此，他还特别能为别人着想。因为他拥有这些品格，所以很多孩子都愿意同他交往。

✎ 要想培养有责任心的孩子，父母就要采取相应的教育方式

父母对孩子采取的教育方式不同，导致每个孩子的生活态度也不尽相同。

有些父母抱怨孩子缺少责任心，缺少担当，依赖性强，其实孩子并非天生如此，而是和父母的教育方式息息相关。

要想让孩子变得有责任感，有担当，有承受力，那么父母在教育孩子的时候，就要站在客观、真实的角度看待事情，要让孩子自己去接受一些事实。

就以孩子被石头绊倒这件事为例，我们要让孩子明白

"是自己没看到石头才会被石头绊倒的"，有了这种客观的认识之后，孩子就会意识到这是自己不小心造成的，以后多注意就可以了。这样，既使孩子有了责任感，也从中吸取了经验教训。

🖌 制定小规矩，让孩子当好家里的"小管家"

许多儿童心理学家都提出过类似的观点：积极参与家务的孩子，责任心明显强于其他孩子。而且，由于这些孩子觉得自己对家庭的贡献比较大，自信心和价值感也随之更强。所以，我们可以让孩子做一些家务活，让他当家里的"小管家"，以此来培养孩子的责任心和自立性。

可是，让这个年龄段的孩子乖乖做家务也不是简单的事情。对于养尊处优惯了的孩子来说，尤其艰难。这时，父母不妨定些小规矩来让孩子当"小管家"，自觉做家务。

第一步：先明确出规矩的内容

父母要让孩子清楚：要想当好一个"小管家"，必须遵守哪些规矩。可以清晰地告诉孩子规矩的内容，然后再让孩子把内容复述一遍，并承诺会按规矩来当这个"小管家"。规矩的具体内容可以是以下几点。

每天上学前收拾好自己的房间和书包；

每天放学后，主动帮父母做一些力所能及的家务活；

周末要跟着父母学做饭或者自己主动给家人做饭。

第二步：使用任务清单法帮孩子顺利完成任务

制定了具体的关于家务的规矩后，孩子可能还是不知道从何做起，或者孩子可能没有做家务的动力。这时，父母可以使用"任务清单法"来帮孩子理解并完成任务。这里有一个表格，可供父母们参考。

整理书包的具体任务	积分	可兑换的奖励
及时清理书包里没用的东西	1	1. 看动画片半个小时需要 8 个积分。2. 购买自己喜欢的冒险小说需要 3 0 个积分。 ……
将文具放入文具盒	1	
将课本整理分类，放入书包的不同夹层中	1	
将作业本整理分类，放入书包的不同夹层中	1	

整理房间的任务清单也可以按照这个格式来设计，将各项任务细化，这样孩子就能够一目了然，收拾起来也就更有条理，更有效率。

第三步：承诺孩子的非物质奖励要及时兑现

在孩子做完任务清单中的家务活之后，父母一定要及时兑现任务清单中所对应的非物质奖励，并及时表扬孩子认真完成家务的行为。注意，夸赞孩子的话要具体，比如可以这样说："你把房间收拾得井井有条，你真是一个负责任的'小管家'！"

Part4

孩子不爱学习，父母应该怎样做

孩子上课不专注？孩子一听课就瞌睡？孩子不爱学英语？孩子因为不喜欢某位老师而讨厌某门课程？孩子常常考不出好成绩？孩子有厌学情绪？归根结底，这都是孩子缺乏学习动力的表现。父母只需要点燃孩子的学习热情就能让孩子在短时间内迅速蜕变。

点燃孩子学习热情的方法有很多，比如，给孩子设立一个"失败奖"；将枯燥的英语唱出来；让孩子喜欢上图书馆和博物馆；利用"游戏法"提升专注力……

孩子考砸了，父母要安慰

- ⭐ 对孩子的情绪感同身受，和孩子讲讲自己是如何应对小挫折的

- ⭐ 发孩子一个"失败奖"，反而更容易激起孩子的学习劲头

- ⭐ 不以分数评价孩子的学习能力，知识本身就是不错的奖励

天天的朋友妞妞差点儿离家出走！听到这个消息后，我第一时间给妞妞妈妈打了电话。事情原来是这样的。

妞妞妈妈自己小时候学习差，高中毕业后，从当服务员开始，吃了太多苦头，拼搏了许多年，才拥有了一家属于自己的大饭店。她自己一路走过来非常艰辛，所以特别害怕女儿学习不好，重蹈覆辙。

也正因如此，她对妞妞的学习要求很高。上小学前，妞妞就已经奔波于各种各样的学习班和兴趣班中。一、二年级时，妞妞很喜欢学习。可是自从进了三年级，妞妞考砸了两次。考砸后本来心情就不好，可是还要忍受妈妈狠狠的责罚。她一直比较内向，不爱表达，伤心之余，谋划"离家出走"，幸亏熟人发现她拉着箱子走在路上，及时通知了她的爸爸妈妈，才阻止了她。

其实，孩子考试考砸了，自己心里也不舒服。这时，倘若父母不理解孩子的情绪，还要斥责孩子，只会让孩子的内心更加充满挫败感和沮丧感。对于内向的孩子来说，这种感觉更甚。在这种负面情绪的影响下，他们对学习的兴趣变淡，学习劲头也一下子减弱了。父母该如何帮助考砸的孩子，重新点燃他们的学习热情呢？

✏ 对孩子的情绪感同身受，和孩子讲讲自己是如何应对小挫折的

孩子们考砸了心情并不好，甚至很沮丧，这时，父母要对孩子的这种情绪感同身受，让孩子明白"爸爸妈妈也经历过这种沮丧的感觉"。不妨和孩子聊一聊自己在经历挫折时是如何处理的，又从挫折和失败中学到了什么。

有一次，天天数学考砸了，他很沮丧，说老师当着全班同学的面批评他太马虎，我便这样开导他："听起来你确实挺难受的，妈妈在工作中也经历过因马虎而出错的事情。那次还比较严重呢。可是自从这件事情后，我开始变得细心了……"

爸爸妈妈需要注意的是，叙述时不要向孩子诉苦，而是将重点放在"自己如何调整心情""如何积极解决问题""从这次经历中学到什么"等方面。这样，孩子就会学着大人们的样子，积极面对问题，不惧怕挫折，获得成长。

✏ 发孩子一个"失败奖"，反而更容易激起孩子的学习劲头

即便孩子考砸了，也可以给孩子发个"失败奖"，但是如

何让"失败奖"发挥它的效果，则需要父母花点儿心思。

天天三年级时，每个周末，老师都会让孩子写篇作文练笔。时间一长，天天出现了有点儿应付的心态。某天放学回家后，他噘着嘴告诉我他在班里出名了，原因是他写作文时走神儿，"火焰战士""哆啦Ａ梦"这样的字样出现在不该出现的作文里，老师点名批评他了。

我送给他一个哆啦Ａ梦图案的儿童手机，可是他一点儿都不高兴，他认为我这是在提醒他作文被批评的事情。我耐心地解释给他听："对，这算是失败奖。但是我之所以奖励你，是因为我发现你做事情非常有韧性。之前你作文写得不大好，但你每周坚持写，这已经很不错了。我翻看了你的作文，发现你写的已经比上学期进步很多了，所以给你一份这样的奖励。"天天这才欣然接受。后来他在写作文方面是越挫越勇，作文经常被当作班里的范文。

🖌️不以分数评价孩子的学习能力，知识本身就是不错的奖励

如果对这个年龄段的孩子过分强调分数，就容易给孩子造成以下错觉。

分数高的孩子	分数低的孩子
分数是与学到的知识和能力画等号的。我分数高，所以我学习能力强，我很聪明。	分数是与学到的知识和能力画等号的。我分数低，所以我学习能力差，不够聪明。
结果： 孩子有可能只将注意力放在如何取得高分上，反而忽视了知识本身带给自己的乐趣。久而久之，学习热情反而降低。	**结果：** 孩子逐渐陷入一种恶性循环中，考得越差越不想学，越不想学考得越差，最后彻底丧失学习热情。

父母一定要摆正心态，即便内心非常渴望孩子成绩出众，也不要一味地只追求高分。不如这样要求孩子：学到更多的知识比成绩更重要，学习过程中得到的快乐比结果更重要。

当孩子没有"一定要得高分"这样的心理压力后，反而能更专注地学习知识，从学习中得到更多乐趣，学习也变成一件轻松愉快的事情。这样，孩子的潜能才有可能被充分调动起来，不求高分，高分反而自动找上门。

孩子有厌学情绪，用爱心和耐心疏导

★ 第一步：从孩子感兴趣的事入手，引导孩子主动聊学
　习方面的事情

★ 第二步：在和孩子聊得愉快时有技巧地插入关于学习
　的针对性话题

★ 第三步：对孩子的情绪表示认同，积极帮他想出解决
　之道

　　孩子本来挺喜欢学习的，但突然出现厌学情绪，这样的
情况并不少见。换老师了，某次考试考砸了，和同学有矛盾

了，在班里出丑了……这些都可能使孩子产生厌学情绪。父母如果能帮孩子疏导情绪，孩子就会重新喜欢上学习。

一般来说，遇到上述问题，父母只需做到以下三步，就能让孩子敞开心扉，说出问题，并一起解决，让孩子重新喜欢上学习。

✎ 第一步：从孩子感兴趣的事入手，引导孩子主动聊学习方面的事情

当孩子出现不爱学习的情况，如果父母一开始聊天就直奔主题，劈头就问："最近怎么回事，不好好学习了？"或者问："作业怎么写得这么差？"孩子一般都会以否认的态度来应付父母的责问，或者干脆低着头不说话。这样的沟通很难进行下去，父母自然无法了解孩子不爱学习的原因。

但是如果在聊天时，先和孩子聊孩子感兴趣的内容，孩子就会心情轻松愉快，从而很容易敞开心扉。父母和孩子聊天，可以从以下这些角度入手。

· 课间喜欢玩的游戏
· 与众不同的老师
· 活动课上的事情
· 校园里的八卦
……

学校
里的事

喜欢
做的事

· 临摹漫画
· 拉小提琴
· 踢足球
· 阅读
· 唱歌
……

· 去看大海
· 跟爸妈一起露营
· 和福利院的孩子一
  起画画
· 去陶艺馆做陶艺
· 看秦始皇陵兵马俑
……

没实现的
愿望

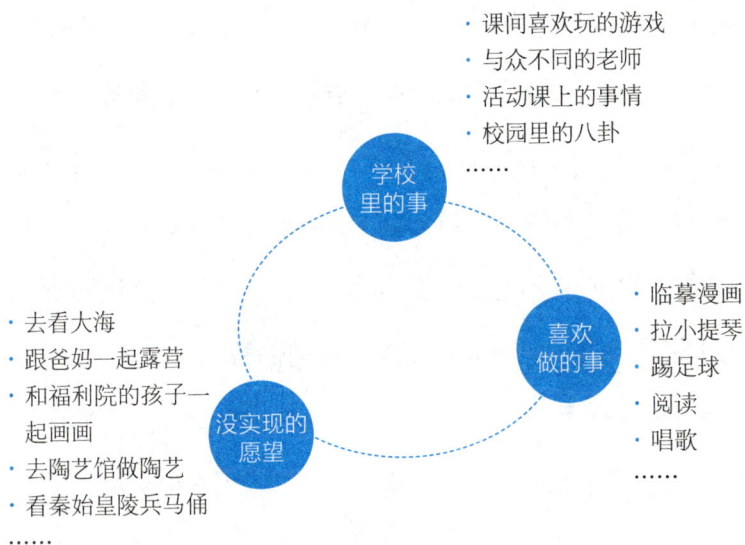

🖌 **第二步：在和孩子聊得愉快时有技巧地插入关于学习的针对性话题**

　　当和孩子聊得特别愉快时，父母可以适时插入有针对性的关于学习的话题，但在插入话题时需要一些技巧。要明白，不当的沟通方式能让聊天戛然而止，而好的沟通方式则能彻底打开孩子的心扉。

　　和孩子聊天时，父母要用愉快和充满鼓励的目光看着孩子，同时要感同身受地附和孩子，比如，当孩子眉飞色舞地说学校新来的有趣的老师时，父母可以说"听上去她真的很幽默""嗯，是这样的哦"……在孩子聊得差不多时，也说说自己上学时曾经遇到过的有趣的老师，然后巧妙地将话题转换到学习上。比如，可以这么说："我上学那会儿，也遇到过同样有趣的老师呢！"当父母注意到孩子在认真倾听时，便说说这个有趣老师的一两个小故事，然后自然而然地转到学习上来，完全可以杜撰一个关于学习的故事，比如，"有一段时间，我不爱学习，因为我讨厌当时的班主任。这个有趣的老师发现了我的秘密，她这样帮我……"当你和孩子说了自己的秘密，孩子听到儿时的你和他有同样的困惑时，出于"交换秘密"的心理，也就能自然而然地敞开心扉，说起自己的秘密了。这样，父母轻轻松松就知道了孩子不喜欢学习的原因。

🖊️ 第三步：对孩子的情绪表示认同，积极帮他想出解决之道

当孩子说出最近一段时间自己不想学习后，父母要先认同孩子的情绪问题，然后和孩子一起想办法解决。比如父母可以和孩子进行这样的对话。

孩子："当时并不是我的错，班主任竟然不相信我，当着同学的面狠狠地批评我。"

爸爸："当时你一定委屈极了。"

孩子："是啊，所以我根本就不想再去好好听班主任的课，更不想写作业。"

爸爸："是啊，如果换作是我，我可能也会像你一样。"

孩子："但我知道我不认真听课和不写作业都不对。"

爸爸："是啊，你想让老师生气，其实自己也损失了不少。我们算算，这段时间如果好好听课，按时完成作业，你会收获多少知识？确实有点儿可惜了。"

孩子的情绪问题解决之后，就会重新体会到学习的快乐，学习的热情也会被再度点燃。

孩子缺乏学习热情，利用梦想来点燃

★ 孩子的梦想无论是什么，父母都要表现出足够的兴趣

★ 引导孩子意识到学习是成就梦想的捷径

★ 与孩子一起模拟梦想情景，并将学习融入其中

　　天天刚上小学一年级那会儿，要学的东西一下子多了起来，并且，比起幼儿园玩耍式的教学方式，天天也不大适应小学的上课方式。那时，天天对学习一点儿都不感兴趣，每天故意赖床不想上学。如何让天天喜欢上学习呢？

　　积分奖励法、自然后果法、气氛浸染法……这些方法对

天天丝毫不起作用，我和天天的爸爸很是头疼。有一天，天天突然说了这么一句："学习有什么用啊，反正我长大了只想开一家玩具店！"他这一说不要紧，我立即就有了主意。

"天天，你知道吗？不管你将来做什么，我们都支持你！"

天天一听我这么赞同他，一时也来了劲头，说道："妈妈，我的玩具店里要卖很多玩具！各种各样的机器人、遥控飞机、仿真坦克……"他说了很多，都数不清了。

我趁机引导他："开玩具店得进货吧，进货与数学有关。各种玩具的名字、用法和语文有关，如何说服小孩子们来买，也与语文有关。如果碰到外国小孩，那你还要会说英语。"

天天用力地点点头。从那以后，天天对学习的热情因为"玩具店"被唤醒了！为了成功当上玩具店老板，他开始认真学习英语、数学和语文。

每个人心里都或多或少有自己想做的事情，想成为的人。当然，对于小学低年级的孩子来说，孩子的心思是多变的，现在心中的梦想，不一定会成为他毕生的追求。但是，孩子有梦想就是件好事。对于缺乏学习动机的孩子，父母可以试试用孩子的梦想来点燃他的学习热情。那么具体该如何操作呢？

✎ 孩子的梦想无论是什么，父母都要表现出足够的兴趣

利用孩子的梦想来点燃学习热情有一个前提条件，那就是尊重孩子的梦想。有的父母一听到孩子想当个司机，当个会种花的花农，就觉得特别生气。他们觉得孩子的梦想不够崇高，一心想让孩子说自己将来想成为科学家、作家、医生、总裁等。而智慧的父母，无论孩子的梦想无论是什么，都会对孩子的梦想表现出足够的兴趣，并且懂得呵护和引导。

✎ 引导孩子意识到学习是成就梦想的捷径

有的父母可能这么想：如果孩子的梦想是诸如当个科学家这一类的，那么自然而然他就明白，要成为一个科学家，就需要掌握大量的知识，而知识是在平时的学习中一点一滴积累而成的。但倘若孩子想当花农之类的，那又当如何点燃他的学习热情？父母可以试着这样同孩子对话。

我就想当个种花的人，并不需要什么知识吧？

让我来想想。你想种出漂亮的花吗？

当然。

你知道什么样的花农才能种出漂亮的花吗？

不知道。

种花也是一门学问。花的习性、土壤土质、浇水施肥等都需要一定的知识。你听说有人在太空种花吗？他也是花农，可是他的知识比普通人要丰富得多……

如此引导，让孩子意识到：无论是什么样的梦想，要想实现或做得更好，学习是必需的，并且是一种很好的捷径。

与孩子一起模拟梦想情景，并将学习融入其中

只是让孩子明白梦想与学习之间的关系还不足以点燃其学习热情，还差点儿火候。如果孩子能模拟自己梦想成为的人、想做的事，真正体会到学习对实现梦想的重要性，才能

真正点燃学习热情。这里以一个想当游戏设计师的孩子为例。

有个九岁的小男孩，数学学得不好，对数学也没多少兴趣。这个小男孩有个梦想，就是成为游戏设计师。在我的建议下，他开始经常设计数学游戏。他设计的其中一种游戏是这样的：主角是勇敢男孩木木，他要闯过一片黑暗森林救濒危小动物。但是森林中有六关，每一关都是数学难题，只有解出难题后才能通过。就这样，他在不断地设计这种挑战游戏的过程中，轻轻松松就学会了数学知识，并且喜欢上了数学。

孩子不爱学英语，不妨试试"摇滚演唱法"

★ 枯燥的英语单词，死记硬背不如用摇滚演唱法唱出来

★ 用表演的方式记忆英语句子和文章，英语就变得很有趣

★ 多给孩子买一些适龄英文原版读物，鼓励孩子自己阅读英文书

★ 在孩子每天早晨上学前的这段时间里，营造一种英语氛围

"我们的摇滚演唱会开始了，Music！"天天和伙伴妞妞已经迫不及待地播放摇滚乐了。

"等我看完这本小说再开始，好不好？"我同他们两个商量。

"不行不行，我们就要现在开始！"天天坚持道，小伙伴妞妞也附和着。

"那好，听你们的！"

大家可能会想：这个妈妈怎么可以让小小的孩子们如此放肆，竟然还玩摇滚？哈哈，这就是我的小妙招了。

🖉 枯燥的英语单词，死记硬背不如用摇滚演唱法唱出来

背单词对孩子们来说并不是轻松惬意的事情，孩子们也是讨厌死记硬背的。而我认为用摇滚演唱法唱单词能轻而易举地将枯燥乏味的英语单词变得有趣，孩子们会爱上记单词，学习英语的热情也就被唤起来了。

比如，我们编了一首中英文混杂的摇滚歌曲，唱到英文时，我们会在减缓语调的同时清晰地把单词唱出来。又比如，我们选了一位孩子们感兴趣的歌手的曲子，自己填词：

我的 friends

一个美丽的女孩

一个调皮的男孩

boy boy girl girl girl

早晨我们上学去

遇见 teacher 问声好

good morning……

　　摇滚吧，英语单词！孩子可以给自己喜欢的歌曲填单词，然后唱出来，这样，孩子就能轻轻松松地记住英语单词了。

用表演的方式记忆英语句子和文章，英语就变得很有趣

　　父母可以鼓励孩子和小伙伴们将所学的英文课文编成小小的英文剧本，并分角色表演。孩子表演时，父母要给小演员们投以鼓励的目光，说一些鼓励的话语。每个孩子可以轮流扮演不同的角色。这样演过几轮，孩子们基本都能背诵这些英文课文了。

🖊 多给孩子买一些适龄英文原版读物，鼓励孩子自己阅读英文书

父母可以多给孩子买一些适龄的英文原版读物，并将每天或每周末的某个固定的时间段定为全家一起阅读的时光。在这个时间段里，关掉电视，关掉手机，大家坐在一起，开始一段轻松的阅读之旅。孩子在阅读的过程中可能会遇到很多问题，爸爸妈妈要及时给予指导，也可以引导孩子自己查单词来解决问题。

🖊 在孩子每天早晨上学前的这段时间里，营造一种英语氛围

在孩子每天起床后至到学校之前的这个时间段里，父母如果多用英语和孩子对话，或者给孩子播放英文音频，可以让孩子对英语更感兴趣。当然，在旅行、吃饭和闲谈时，父母也可以不失时机地用一些英文来和孩子交流。

说到和孩子用英语对话，很多父母底气不足，觉得自己很多年不接触英语，都忘得差不多了。其实父母不必太拘谨，如果能将一起说英语当作一种游戏，就能放松心态，和孩子一起享受学一门外语的快乐。

孩子不爱读书，带他去图书馆、博物馆

★ 每周末抽出半天时间，带孩子在图书馆或书店享受阅读时光

★ 大人们不知道的答案博物馆知道，博物馆不知道的答案书知道

★ 鼓励孩子和小伙伴们将喜欢的故事编成剧本表演出来

　　出电梯门的时候，偶遇妞妞妈，她抱着一大摞书籍气喘吁吁。突然一个不小心，书籍散落了一地，我帮她捡起时发现全是作文方法书。

她有些不好意思地说："哎呀，我们家妞妞的作文不太好，这不，买了一堆书让她提高作文成绩。妞妞的作文虽然很少出现错别字，但病句相当多，并且就是典型的流水账。"

她迟疑了一下，问我道："听妞妞说，老师常将天天的作文当作范文读。天天是不是看了不少作文指导书？"我听了一愣，告诉她："这是因为他喜欢读课外书。"

确实如此，孩子课外阅读量很小或者没有课外阅读的习惯，久而久之，不仅知识面狭窄，写作文时思路自然也打不开。而广泛的阅读则为孩子们创造了丰富的可能性。孩子读优秀的课外书可以开阔视野，丰富想象力，提升思考力，并能提升语言表达能力和写作能力。有良好课外阅读习惯的孩子写起作文来，大多比没有课外阅读习惯的孩子们更有想法，更有创意，更有才情。

对于妞妞的作文问题，我建议妞妞妈多让孩子读读课外书，让孩子养成课外阅读的习惯。有的父母可能会说："我的孩子调皮捣蛋又贪玩，从来没养成课外阅读的习惯，想让他对阅读感兴趣，谈何容易？"莫急，莫急，父母们可以试着这样做。

每周末抽出半天时间，带孩子在图书馆或书店享受阅读时光

天天还在上幼儿园时，我就经常带着他去图书馆的儿童阅览室看绘本。后来他认识的字越来越多，自己就能阅读一些简单的绘本。再后来，他可以独立阅读儿童小说，而且读得很入迷，根本不需要父母陪读。

父母经常带着孩子去图书馆或书店，是使孩子养成课外阅读习惯的好方法。当孩子置身于图书馆或书店中，看到那些爱书人每人手捧一本书，沉浸其中，浑然忘我时，不自觉地也会被这种阅读氛围感染，翻开自己喜欢的书籍，开始一场阅读之旅。对于不常去图书馆或书店的孩子，父母要告诉孩子一些图书检索方法以及读书规矩。比如，如何查找到自己喜欢的书籍，看完的书要放到原来的位置，等等。

还需要提醒父母的是，在陪孩子挑选书籍时，尽量尊重孩子的选择，少些功利心。一般来说，孩子们大多喜欢看一些他们感兴趣的读物。一旦父母以功利心强迫孩子阅读父母认为有用的书籍时，实际上就破坏了孩子的阅读兴趣。

🖌 大人们不知道的答案博物馆知道，博物馆不知道的答案书知道

小学低年级的孩子们对万事万物都有着很强的好奇心。奇特的自然现象、好玩的动物植物、有趣的人文知识、壮丽的自然景观……看到这些，孩子的脑子里装满疑问，往往会问一些父母难以回答的问题。这时，不妨告诉孩子："大人不知道的答案，博物馆和图书馆知道。"父母可以在周末抽出一些时间带孩子去各种各样的博物馆参观。对于初次或很少去博物馆的孩子们，要提前做好去博物馆的准备工作，如以下三方面。

对于小学低年级的孩子们来说，参观美术馆和自然博物馆是很不错的选择。当然如果孩子知识丰富，对历史和地理感兴趣，去一些历史和地理博物馆也是不错的。

选择适合的博物馆

搜索博物馆相关知识

去博物馆前，要在网上提前查看博物馆有哪些展厅很值得一去，查一查这个博物馆所承载的知识范围。而且尽量避开高峰期。

在带孩子参观博物馆前，要"约法三章"，告诉孩子在博物馆里不能大声喧哗，不能随处奔跑等。

立下一些规矩

如果孩子在参观博物馆的过程中有很多疑问，不妨将孩子引向书籍，告诉他："你在博物馆找不到的答案，可以去书籍里找。"引导孩子通过阅读来满足对知识的好奇与探索。孩子的知识面广了，懂得的知识多了，学习的劲头自然也就更大，作文能力也会潜移默化地提升。

鼓励孩子和小伙伴们将喜欢的故事编成剧本表演出来

有些学校开有戏剧课，孩子们可以尽情地表演书中主人公的喜怒哀乐。如今网络微剧也特别流行，父母可以参照这两种方式，鼓励孩子和小伙伴们将自己喜欢的书籍中的某些片段分角色表演出来。在这个过程中，孩子们不仅能更深地理解所读书籍的内容，而且能在无形中提升自己的语言表达能力、想象力和创造力，从而更愿意去阅读更多的书籍。

孩子有了小进步，用具体的赞美鼓励他

★ 不要去打击孩子的短板，而将关注点放在孩子的长处上

★ 表扬孩子时，将焦点放在过程和行为上，而不是结果上

★ 对于努力过却没有结果的孩子，这样鼓励能唤起孩子的自信心

　　妞妞这个小女孩虽然蛮聪明的，但是一点儿都不自信。我是怎么看出来的呢？周末，他们一帮孩子一起写作业时，妞妞总是会反复向其他孩子请教作业中的问题；每次写完作业，她都要和其他孩子核对答案。她这样做，无非是怕出错。

她也是这帮孩子中话语很少的。每次都是默默地听别的孩子谈天说地。我鼓励她和大家一起交流，她却说："阿姨，我懂得太少，如果说错了，多不好意思！"

终于有一天，我明白她不自信的原因了。那天，她爸爸一直向我抱怨妞妞是个内向又自卑的孩子，抱怨完这些，他又开口说："这孩子这次又是 99 分，就是太粗心了！这孩子脑袋瓜没有隔壁那小姑娘转得快！"……

妞妞爸爸一边认为妞妞是个自卑的小姑娘，一边用批评式的言语将妞妞萌发出来的自信一点儿一点儿地抹掉。我提醒他：他的教育方式出错了。他惊讶地张着嘴巴，瞪大眼睛看着我。

其实，很多父母又何尝不是如此？一边抱怨孩子不自信，一边又在做着打击孩子自信心的事情而浑然不知。父母当然希望能做一个对孩子成长有利的父母，可是很多时候，由于教育方式不对，导致初衷和结果南辕北辙。那么，父母如何做，才能培养出一个自信的孩子呢？

🖉 不要去打击孩子的短板，而将关注点放在孩子的长处上

父母都希望孩子能够拥有自信，但是如果父母总是盯着

孩子的短板不放，总是试图纠正，就会使孩子有意识地关注自己的短板，忽视自己的长处。时间一长，孩子就失去了自信。但是，如果父母换个角度，忽略孩子的短板，而将关注的焦点放在孩子的长处上，就能帮孩子建立自信。就拿上文的小女孩妞妞来说吧，倘若她的父母常常能发现她与众不同的地方，比如：妞妞的思维非常缜密，妞妞虽然话少，但是很会和其他孩子打交道等，多肯定妞妞的优点，并加以赞美表扬，妞妞的自信就会如同破土的嫩苗，一点点开始生长。

🖊 表扬孩子时，将焦点放在过程和行为上，而不是结果上

有的父母的确经常表扬孩子，动不动就会对孩子说"你真棒""你真聪明""你太了不起了"等很宽泛的表扬语言，这其实是无效表扬。此类表扬针对的是人格方面，且比较模糊，长时间听这种表扬的孩子，会容易飘飘然。这样的表扬方式能培养出骄傲的孩子，却不能使孩子拥有真正的自信。

父母要针对孩子的具体行为或者做事的具体过程进行表扬，这样能逐渐让孩子认识到自己有足够的能力，能做好这样一些事情。孩子的自信心就越来越足。

那么，如何夸赞孩子的具体行为或做事的具体过程呢？

父母可以简单套用一些模式。比如，可以先描述具体事件中孩子的表现，然后用一两个合适的词语进行总结性赞美。具体来说，父母可以针对孩子的具体行为进行赞美，也可以针对孩子在做的具体事情进行赞美。

针对具体行为的赞美语言可以这样说："孩子，听老师说你这几天总是第一个到教室，还真是很有时间观念的。"还可以这样说："你能帮朋友提高学习成绩，而且一点儿私心都没有，你这是有大格局，我为你感到骄傲！"

针对做事的具体过程的赞美可以这样说："你写作文的时候，想法天马行空，思维特别开阔，这叫作想象力丰富！""这么难的题，你竟然能够做出来，这是有思考力的表现！"

父母经常这样赞美孩子，孩子就会逐渐变得自信且有能力。

对于努力过却没有结果的孩子，这样鼓励能唤起孩子的自信心

当孩子做某事失败时，如果父母能够及时并正确地给予鼓励和赞美，不仅能唤起孩子的自信心，而且能让孩子拥有

百折不挠的勇气。比如，孩子在短跑比赛中失利了，父母不要对孩子说"就差那么一点儿，真可惜""是你状态不好的缘故"等消极的话，而要这么说："你的准备动作那么一摆，非常有范儿！"或者说："你跑起来非常轻快，这证明你弹跳能力好。"

孩子听讲不专心，
用"游戏法"提升专注力

★ 不要关注孩子的"不专心"，而应为他创造宽松的环境

★ 利用一些小事情，慢慢提升孩子的抗干扰能力

★ 利用游戏的方式学习，枯燥的课堂也能妙趣横生

　　春天一到，坐在靠窗的座位的天天常常走神儿，外面的世界往往比课堂知识更有吸引力。而座位靠窗户的孩子们则有了"近水楼台先得月"的优势，常常不自觉向窗外张望。于是，我和几位父母自然而然地被班主任老师请去

面谈。

"你们的孩子每天就看着窗外，都不怎么听课。"听老师这么一说，家长纷纷提建议："给我们家孩子换到别的位置吧！""干脆拉上窗帘！""让他们站着听课！"……可是这些建议听起来可行，细细思量也都是下下策。关键还是因为窗外世界的有趣程度超过课堂内容。怎么办呢？我倒是有简单的几招，向大家说了之后，大家纷纷点头，说回去一定试试。一段时间后，这几个整天看着窗外的孩子都开始专注听课了。这几招其实也就是以下几个简单的招数。

🖊 不要关注孩子的"不专心"，而应为他创造宽松的环境

如果父母给孩子创造的环境是严苛的和充满压力感的，绝大多数孩子在这种环境中不仅无法专注，甚至出现注意力涣散问题，一旦外界有更好玩的事情，立刻就会被吸引，个别孩子还一度被认为患有多动症。其实这只不过是孩子的内心向外界发出的一个求救信号。父母在家如果能够尽可能地给孩子创造一种宽松自由的氛围，多理解孩子的心情，那么孩子的情绪会更加平和，专注力也会获得提升。

🖊 利用一些小事情，慢慢提升孩子的抗干扰能力

孩子在听课的时候，不知不觉就被窗外的事物吸引，开始走神儿。这是这个年龄段的孩子常有的事，因为他们的抗干扰能力还比较弱。其实日常的一些小事，如果父母做对了，就能慢慢提升孩子的抗干扰能力，使孩子听课更专注。

就拿天天来说，周末写作业的时候，经常有小伙伴来邀他一起出去玩。在小伙伴来到家里等他一起出去玩的情况下，他就无法专注于手头的事情了。

这看似平常的小事，其实就是培养孩子抗干扰能力的好机会。每当这个时候，我就告诉他，只有专心写完作业，才能尽快和小伙伴一起出去玩，那样玩得也更加开心。但是如果因为小伙伴来了就无法专心写作业了，那么不好意思，就不要出去玩耍了。

爱玩是孩子的天性，为了能尽快和伙伴一起出门玩耍，天天自然而然地抵制了小伙伴的干扰，专注写作业。这样几次下来，孩子的抗干扰能力得到提升，上课时也更加能够克服窗外的干扰了。

✏ 利用游戏的方式学习，枯燥的课堂也能妙趣横生

孩子们为什么会在上课时频频走神儿，关注窗外的世界？这很大程度上是因为课堂内容的吸引力远远不及窗外。父母只需要多动动脑筋，想办法提起孩子的学习兴趣，就能大大提升孩子的专注力。

我们几位父母商量好，让这几个孩子利用游戏的方式来学习，让课堂成为游戏的一部分。具体是这样的：这几个孩子在大人们的建议下，设计了一款现实版的真人游戏。游戏的终极目标是赢得一场精彩的远途旅行。但要想赢，必须闯过好几关，而这些关卡则是平日的一次次小测试。于是，孩子们为了闯关成功，开始将上课看作游戏的一部分，课堂也因此开始变得有吸引力。

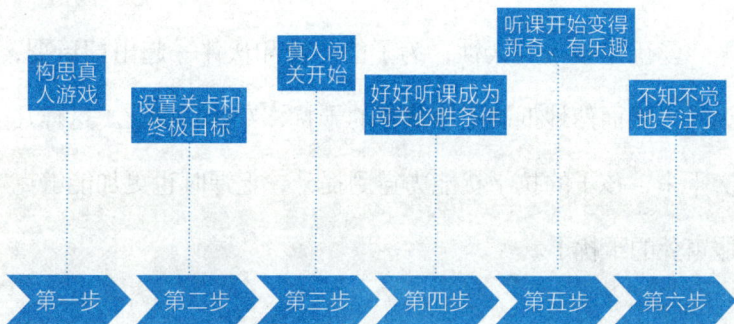

构思真人游戏	设置关卡和终极目标	真人闯关开始	好好听课成为闯关必胜条件	听课开始变得新奇、有乐趣	不知不觉地专注了
第一步	第二步	第三步	第四步	第五步	第六步

除了这三招，父母们也可以试着每周抽出半天时间，对孩子进行专注力训练。一般在网上搜一些专注力训练题目或者买一些此类书籍，循序渐进地培养孩子的专注力即可。还有一种运动方法——打乒乓球，也非常有助于提升孩子的专注力。父母可以和孩子经常进行这项运动。在娱乐之中，手眼协调能力增强了，眼睛也不容易近视，专注力更是悄然变强了。

Part5

孩子不爱写作业，
父母应该怎样做

　　有些孩子写作业仿佛引发一场家庭大战。孩子总是出现记不全作业，拖拉，走神儿，不动脑子，边看电视边写，效率极低等问题，父母不得不监督提醒，有时候还忍不住发火。

　　对于不爱写作业的孩子，不如采用这些方法：在写作业前聊聊学校里的事情；利用"外部动机法"唤起孩子对作业的兴趣……

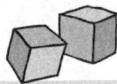

孩子学习爱偷懒，
家长不做孩子的监工更有效

★ 当孩子写作业遇到问题时，不妨说"休息休息，一会儿再写"

★ 孩子在写作业时，父母的角色是朋友，而不是监工

周末的下午，我和天天一起去大壮家做客。大壮见到我们，忙拿出零食，还给我们斟果汁。一向调皮捣蛋的小家伙突然变得礼貌又殷勤，想必是有原因的。

果然，他是想逃过写作业。他开始同妈妈讨价还价，说天

天是来找他一起玩耍的，不能怠慢了天天。大壮的妈妈的大嗓门开始了："赶紧写作业，你看看你，如果再不写，明天都周一了！写完作业才能跟天天一起玩！"并一手将瘦瘦的大壮拽到书桌旁，嘴里还不停地唠叨："你看你，拖拖拉拉，你看人家天天……"大壮如坐针毡，噘着嘴，手还不停地转着笔。

大壮的妈妈同我说，大壮写作业非常不专心，并且没有解出难题的意志力，碰到不会的题目就打退堂鼓，干脆停下来不写了。记忆力也差，每次的背诵作业都让人着急上火。

那么，父母怎么做，才能搞定孩子写作业中产生的情绪问题，让孩子更喜欢写作业呢？可以试试这些办法。

✏ 当孩子写作业遇到问题时，不妨说"休息休息，一会儿再写"

孩子在写作业的过程中，当遇到不会的题目或者写累了时，出现中断的现象很正常。这时，父母要站在孩子的角度，对孩子的心情感同身受，可以亲切地对孩子说："你看上去有点儿累，休息休息吧！一会儿再写！"当孩子休息时，父母可以问问孩子中断作业的原因。

如果孩子是因为作业量太大中断的，那就建议他在吃点儿东西、休息一会儿后，再以较快的速度写，这样就避免了孩子拖延。

父母可以这样说："你休息之后，一定会早早写完的，写完作业就可以读你喜欢的那本书。"

如果孩子是因为遇到难题而中断写作业的，那么在孩子适当休息之后，父母可以参与孩子解决难题的过程。倘若题目对于孩子来说真的非常难，可以建议他先做别的题目，将这个题目放到最后解决。

如果孩子只是单纯地不想写，想拖延，那么父母可以给出一些善意的提醒。不过提醒也是有讲究的，看看错误的和正确的提醒方法是怎样的。

错误提醒	正确提醒
·行了，也休息够了，赶紧写！ ·快点儿，快点儿吧！ ·你是不是上课没好好听课？ ·不写作业，明天会受到批评吧？ ……	·明天是周六，你抓紧时间写完作业，咱们就能痛痛快快地去森林公园玩耍了。 ·写完作业后，我们一起玩会儿电脑游戏，如何？ ·我计划在你写完作业后，和你一起出去散散步。 ……

🖌 孩子在写作业时，父母的角色是朋友，而不是监工

为了孩子养成较好的学习习惯，一般老师会强调让父母陪着孩子写作业，督促孩子完成当天作业。老师当然是一片好意，但是如果父母在陪孩子写作业的过程中，扮演的角色错了，结果可就南辕北辙了。

父母如果像监工一样，时刻关注孩子写作业的一举一动，孩子稍有偷懒之举便不依不饶，那么孩子不仅反感父母，也会"恨屋及乌"，从而反感写作业。

父母的角色应该是朋友，陪孩子写作业时，不要过于关注孩子的举动，而是坐在沙发上或者在孩子对面看书和工作。一旦发觉孩子在写作业的过程中出现一些小情绪，可以平静而温和地问孩子："有什么我能帮忙的吗？""今天发生了什么事情，能和我说一说吗？""是不是遇到了难题？看看我这个超人是否能打败它！"

一句话，父母在陪孩子写作业时，要让孩子感受到氛围是轻松、愉悦的，这样孩子写起作业来才更有劲头。

孩子记不住作业，只需三招就解决

★ 如果孩子对作业比较抵触，那么就先解决他的情绪
　问题

★ 用"作业合同"使孩子准确记下每天的作业内容

★ 对于比较懒散的孩子，不妨用符号法记录作业

　　经常有父母向我咨询这样的问题："孩子为什么总是记不
住老师留的作业呢？"

　　这是一个很常见也很让父母头疼的问题。很多父母为了

让孩子记住作业，也是费尽心机：给孩子准备一个专门记录作业的本子；建议孩子干脆将作业记在课本上；孩子写作业前，给老师或其他孩子的父母打电话问留了哪些作业……有些学校甚至干脆采取统一管理，由老师在微信群里统一告诉家长作业的具体内容。这样做，虽然大家都省心了，却淡化了孩子对学习的责任感和自觉性。

天天上三年级的时候，有段时间也出现过这样的情况。

那一阵子，天天的作业量不多，每天都能很快完成。他告诉我学校最近在实行"减负"政策，我也就没有太在意。

有一天放学前，我突然接到他们班主任的电话："天天已经连续两周没有按要求完成作业了！"我不太相信我的耳朵，再次询问详情，才知道，那段时间是天天他自己给自己"减负"。

我有些生气，但是我并没有直接责问他，而是请他去他喜欢的餐厅吃饭。他吃得很惬意，在他基本吃饱的时候，我说起很多孩子总是忘记作业的问题，想看看他到底是怎么想的。他用手摸摸脑袋，小声说："妈妈，想必老师告密了吧。我最近就是特别想玩，还想赶紧看完那套《时间的折皱》，所以……还有一个很重要的原因是，老师留作业的时候，虽然会说好几遍，但我难免记不全，也懒得问同学。"

我大致明白了：孩子就是孩子，他最近就是对学习没兴趣，对玩耍感兴趣。很多孩子也像天天一样，经常或是在某段时间记不住老师留的作业。对于这个问题，我给大家提供三种有效的解决方案。

✏ 如果孩子对作业比较抵触，那么就先解决他的情绪问题

有些孩子其实并不是真的记不住作业，而是对作业存在抵触情绪。原因无非是对某门功课不感兴趣或者对某个任课老师不认可，从而不想做该科的作业；在学校里遇到了一些麻烦，心情很不好，没好好记录作业……父母要耐心询问孩子在学校里发生的一些事情，解决孩子的情绪问题。如果是因为孩子听不懂老师讲课，父母就要额外花时间去辅导孩子这门功课；如果是孩子不喜欢某位任课老师，父母可以鼓励孩子多发现老师的优点，多和老师交流。总之，要先解决情绪问题。情绪问题解决了，准确记下并完成作业也就成了一件简单的事。

🖌 用"作业合同"使孩子准确记下每天的作业内容

对于合同书，父母们恐怕再熟悉不过了：工作需要签合同；和客户谈项目需要签合同；就连有时候买个家具也需要签合同。签合同的目的无非是让签合同的双方都遵守协议，履行一定的责任。和孩子签订一份作业合同，目的是约束孩子的行为，使孩子自觉、有效地完成作业；合同的内容要比较容易履行，这样在具体执行的时候，孩子就不容易中途放弃。这里有一份我和天天一起制定的合同，大家可以作为参考（见下页《作业合同》）。

🖌 对于比较懒散的孩子，不妨用符号法记录作业

很多孩子之所以总记不住老师留的作业，是因为他们觉得用笔一条一条记录下来非常麻烦，懒得记。这种情况下，父母可以建议孩子用一些简单的符号来记录作业。比如，语文作业是背诵当天课文的第一段和第二段，并默写。孩子只需要用两个简单的符号在书上做标记就行。比如，把 ※ 标在第一段和第二段前，表明是需要背诵的段落；然后再用△做一下标记，表示要默写这两段。

作业合同

甲方：天天

乙方：天天妈

具体内容：

1. 每天都要将作业内容详细记在本子上；如果记不全，要随时问老师或同学。

2. 如果连续一周准时完成作业，周末两天怎么过由天天说了算。

3. 关于作业的所有事情，不能说谎。

4. 必须在晚上九点之前完成作业，之后不允许再写任何作业。

补充条款：略

双方违反合约的情况下：

天天如违反，则需要帮家里打扫卫生一周；天天妈如有违反，则需当月赔付天天双倍零花钱。

协议自签字之日起生效。

签字人：天天　天天妈

20××年×月×日

孩子抄袭作业，父母要理性对待

⭐ 第一步：告诉孩子抄袭作业的种种害处，让孩子意识

到这种行为不对

⭐ 第二步：了解孩子抄袭作业的原因，做到"对症下药"

⭐ 第三步：采取适当的惩罚方法，不妨试试"不允许写

作业法"

从古至今，只要有作业和考试存在，就很难杜绝抄袭这
种现象。事实上，就连我们家天天这种算是比较有自觉力的
孩子，有时候也难免做这种糊涂事。

那天，听说抄作业的孩子中居然有天天，并且连续一周都抄作业，我和天天爸目瞪口呆。我眼瞅着天天每天放学后准时坐在书桌旁写作业，怎么会有抄袭现象？天天爸认为一定是搞错了。可是当看到天天和蜜桃的作业一模一样，尤其是那些应用题出错的地方都是一样的，也就不再疑惑了。孩子就是这样，每每当我们觉得他最近长大了不少，感到知足的时候，就会突然间冒出一两件不省心的事情。好在，我们也有解决办法。

要想让孩子杜绝某种不良行为，就要先了解孩子为什么这么做，"对症下药"才有效。一般来说，孩子抄袭作业主要有以下这四种原因。

（1）因为贪玩没有按时写作业。爱玩是孩子的天性，可是也有一些孩子因为太贪玩而没有按时写作业。为了掩人耳目，到了学校，马上展开抄袭行动。

（2）作业量有些过大。孩子们对于写作业所用的时间和玩耍时间，永远计算得清清楚楚。一旦作业过多，抄袭作业就成了一条减少写作业时间的捷径。

（3）懒得思考。有的孩子不爱动脑筋，觉得抄袭别人的作业很省心，于是就开始了这一举动。

（4）根本就搞不懂怎么解答题目。有些孩子并非愿意抄袭作业，而是写作业时困难重重，又不好意思问老师、父母和同学，因此抄袭。

父母要针对孩子的不同情况实施不同的策略。但不管是哪种性质的抄袭，父母处理这个问题时，都可以分为这样三个步骤。

🖊 第一步：告诉孩子抄袭作业的种种害处，让孩子意识到这种行为不对

父母可以平心静气地和孩子谈谈抄袭作业的坏处。诸如：经常抄袭作业，就更加懒于思考，思维一旦变懒了，就不能及时消化所学知识，成绩也就会受到影响；经常抄袭作业的孩子，慢慢地学习成绩就会拖班里的后腿……父母在同孩子说这些时，态度要和善且坚定，不要训斥和责备，否则孩子很容易产生抵触情绪。

🖊 第二步：了解孩子抄袭作业的原因，做到"对症下药"

前面说过，孩子抄袭作业主要有四种原因。针对不同的原因，父母可以采取不同的策略，可以试着这样做。

1. 因贪玩没有按时写作业

给孩子制订一个时间表，或者制订每天的作业计划。让孩子明白，按照时间表完成作业任务后玩耍才尽兴。

2. 作业量有些过大

比如抄写很多遍生字词，父母可以同老师商量能否减少一些。

3. 懒得思考

鼓励孩子自己思考解决问题，孩子一旦经过苦思冥想做出题目，要及时给予鼓励。注意鼓励的话语要说得具体，比如，"你用这种方法解决这个难题，妈妈认为你很聪明"。

4. 根本就搞不懂怎么解答题目

父母每天抽出半个小时，专门帮孩子分析作业难题，同孩子一起寻求多种解题方法。

第三步：采取适当的惩罚方法，不妨试试"不允许写作业法"

这一步相当重要，父母必须让孩子通过接受相应的惩罚，意识到抄袭作业是种错误的行为。如果没有这个步骤，那些自尊心并不强的孩子还会继续抄袭行为。但是惩罚也需要讲究策略。有的父母采用罚站、不许吃饭等方法，不但起不到作用，反而会激怒孩子，使得前面所有的努力都白费。父母不妨反其道而行之，试试"不允许写作业"这种惩罚方式。

天天出现抄袭作业的行为后，我对他的惩罚措施是"一周之内不许写作业"。天天起初还特别高兴，巴不得不写作业。可是后来他发现自己很快成了班里的异类，心里越来越不舒服。只过了三天，他就主动要求每天按时写作业。他说："抄袭本身不难受，但不写作业的滋味才让人受不了。"

孩子写作业丢三落四，利用"外部动机法"

★ 用孩子真正喜欢的东西或事情作为外部动机，激发孩子内在的干劲

★ 使用"外部动机法"时，也需要一定的方法和技巧

有那么一阵子，天天写作业的效率相当高，每天轻轻松松地就写完全部作业了。我看到他的作业记录本，发现作业量的确减少了。我还询问了他的同学鹏飞，发现他们的作业量确实少了，也就没怎么将这件事放在心上。

直到有一天，老师在家长群交流时，提到一个问题：最

近班里有些孩子写作业总是丢三落四的，而且很奇怪的是，他们像是商量好了似的，都是同样的题目没有写。

很显然，他们的确是商量好了。我问天天他们为什么要欺骗父母，偷懒少写作业，他竟然说："写作业是件很麻烦的事，尤其是写生字词，枯燥乏味；还有一些简单的题目，感觉特别没有必要去写……"他说了几条理由，归根结底，就是想偷懒。

写作业的好处和必要性，父母或老师反复强调过。孩子如果下定决心抗拒作业，即便父母再说教，效果也可能只是事倍功半。

这时，不妨试试用"外部动机法"来重新激发孩子的学习热情，让他喜欢上写作业，从而大大提高其写作业的自觉性。

所谓"外部动机法"，是指不是由活动或事件本身，而是由与活动或事件相关的外部刺激因素诱发的动机。比如，一个孩子最初可能不喜欢画画，但是他为了得到父母的表扬或者为了得到老师的关注，就开始练习画画，结果他在练习画画的过程中逐渐喜欢上了画画，比起当初得到的表扬和关注，他现在更喜欢画画本身带给他的乐趣，促使他学画画的外部动机就已经转化为内部动机了。那么，如何运用"外部动机法"激发出孩子内在的干劲呢？

✏️ 用孩子真正喜欢的东西或事情作为外部动机，激发孩子内在的干劲

父母要想充分利用外部动机来激发孩子写作业的内在热情，就必须注意，这外在动机一定是孩子感兴趣的东西或事情。我是这样利用"外部动机法"唤起天天内在写作业的热情的。

天天喜欢玩飞盘，可是家里的飞盘已经旧了。于是我同他商议：每天完成所有作业后，都有一次抽奖机会，每个星期有一次中奖机会，一旦中奖，他就可以收集一个自己喜欢的飞盘。当然，还有抽到五彩橡皮、田园彩绘笔等机会，这些也都是他喜欢的东西。

这样一来，为了得到自己喜欢的东西，天天每天都会专心、高效地完成所有作业，再没有发生偷懒耍滑的行为。在这个过程中，他写作业的内在动机逐渐被唤醒了，他已经不单单是为了得到飞盘等而认真写作业了，而是体会到写作业有助于他更牢固地掌握知识。

🖉 使用"外部动机法"时，也需要一定的方法和技巧

有些父母可能会说："'外部动机法'听上去高大上，其实不就是物质奖励嘛。直接告诉孩子'你如果做到……就会得到……的奖励'不就行了嘛。"

必须指出，如果这样使用"外部动机法"，就大错特错了，很容易导致孩子将注意力和兴趣点放在要得到的物质上，而不是自己正在做的事情上，这样做并不是"用东西来吸引孩子"，而是通过贿赂的方式让孩子去做某事。

正确的做法应该是，父母在与孩子沟通的过程中，不要强调物质，而要强调孩子正在做的事情。将孩子的关注点和兴趣点放在作业上，而他感兴趣的东西，只是作为一种附加值出现。

在这个过程中，父母需要注意多夸赞孩子的作业写得好，孩子写作业的时候如何专注，等等，尽量不去提及物质。这样，慢慢地，即便一开始用的是"外部动机法"，但时间一长，孩子自觉学习的内部动机就转化成主导动机，孩子就会逐渐对写作业这件事情本身感兴趣了。

比如，父母可以用这样的方式来引导。

你写完作业后，来挑选你喜欢的飞盘如何？

好，我现在就开始写！

我们的规则是写完作业之后才能做你想做的事。当然，写完作业之后，我们还可以做很多有意思的事情，比如你喜欢的成语竞猜游戏。

对话结果：孩子开始写作业了。（注意，当孩子按时并保质保量地写完作业后，妈妈要兑现承诺。）

孩子写作业不用脑，教他"思维导图作业法"

⭐ 第一步：准备画作业思维导图所用的工具

⭐ 第二步：思考每天各科作业的主题和主要的分支内容

⭐ 第三步：在大分支内容上，画出更小的分支并用关键词
   填写

很多父母都谈到过这样一个问题：孩子平时的确也能按时按量完成作业，但是孩子貌似只是为了完成作业而完成作业，似乎并没有起到巩固知识的作用。为什么会出现这样的情况呢？

一方面，这个年龄段的孩子不知道写作业是为了什么，

或者说不知道是为了谁而写作业；另一方面，孩子写作业时，没有思考过自己写作业是为了掌握哪些知识，为了提升哪些能力。

对于第一种情况，父母只要多加引导孩子，让孩子明白写作业是为了自己，而不是为了老师和父母。孩子一旦意识到这个问题，就能自觉纠正。而对于第二种情况，则比较复杂一些。我曾接触过很多这样的孩子，也给父母们支过很多招儿，其中简单有效的莫过于"思维导图作业法"。

印象比较深的是，有一个小男孩卡卡从来懒得思考问题，表现在写作业方面就是只动手不用脑，虽然作业写完了，但知识的掌握情况并不好。比如数学，明明作业做得挺好的，但过了几天，写过的东西仿佛都被什么东西吃掉了，他仍不会用老师讲过的方法来解题。

卡卡的爸爸说，自己曾在网上和一些教育类书籍中找过方法，可是所有的方法在别的孩子那里是灵丹妙药，但到了卡卡这里就失去了作用。怎么办？

只用手不动脑的孩子并不是天生就缺少思考力，也并不是真的懒到根本就不愿动一下脑子，而是他在写作业时并没有太多目的性，根本就没思考过写作业能让他得到什么。在这样的情况下，父母可以协助孩子在写作业之前画一幅作业思维导图，以此来帮孩子明确写作业的目标，让写作业真正发挥效力。那么如何画作业思维导图呢？

✐ 第一步：准备画作业思维导图所用的工具

画作业思维导图的时候，要提前准备好这些工具：几张A4 白纸，一套 12 色或 24 色软芯彩色铅笔。

✐ 第二步：思考每天各科作业的主题和主要的分支内容

在开始时，父母可以和孩子一起思考各科目老师所留作业的主题，以及这个大主题所包含的主要分支内容。父母可以和孩子一起，用喜欢的图形来表示大主题，我们一般称这个图形为中央图。确定并画出中央图后，用不同颜色的笔以粗线条勾勒出各个大分支，并用数字表示出几大分支的前后逻辑顺序。

✐ 第三步：在大分支内容上，画出更小的分支并用关键词填写

在大分支上画出一些小分支，可以用关键词体现，也可

以画一些小小的插图，以帮助记忆。注意：小分支线条的长度要长于关键词，在画完小分支后，可以适当地画出外围线，以便于更清晰直观地看到不同的主题内容。

经过这三步，简单的作业思维导图就做好了。孩子写作业前大致浏览一遍；写完作业之后，再逐一对照，看是否掌握了思维导图中所写的内容。坚持一个月左右，孩子写作业前，就会明确知道每次写作业的目的，不仅写时更专心，写完之后，也能掌握知识点，将写作业的效能发挥出来。

孩子写作业拖拉，切忌催促不停

⭐ 孩子做事情有自己的节奏，不要总强调孩子磨蹭

⭐ 送孩子一块手表，强化孩子的时间观念

⭐ 和孩子一起制订一份写作业时间表，增强孩子学习的
　计划性和条理性

⭐ 给孩子规定一个截止时间，一旦超过时间，作业必须
　喊停

⭐ 偶尔来一次小小的考试游戏，作业写得又好又快

爱唠叨的蜜桃妈滔滔不绝地说她家蜜桃有严重拖延症，每天放学后一直到入睡前这段时间，催促蜜桃完成作业已经成了她的例行公事，因为蜜桃写作业的时候，有时会望着窗外走神儿，或者好不容易写完了英语作业，该写数学了，但蜜桃一想到数学作业量有点儿大，就不想动笔了，蜜桃妈见状又是一番催促……蜜桃妈甚至有点儿担心现在爱拖延的蜜桃长大后可怎么养活自己！

我笑蜜桃妈这是杞人忧天。其实，对于孩子在写作业时的拖延现象，父母如果使用方法不当，可能会加重孩子的作业拖延症。蜜桃妈这种不停地催促就是如此，不仅自己费劲，孩子心里也抵触。其实想治愈孩子的拖延行为，何须这样大费周折？简简单单几种方法就能搞定。

🖊 孩子做事情有自己的节奏，不要总强调孩子磨蹭

成人和孩子的生理节奏不一样。孩子们有自己的生理节奏，在做事情方面也是如此。孩子喜欢按照自我感觉舒服、顺畅、自然的节奏来做事情。如果父母经常催促孩子，不仅会打乱孩子做事情的节奏，而且可能影响孩子的激素分泌和身心健康。经常被打乱节奏的孩子比较容易走向两个极端：

要么早熟且没有耐性；要么就是更加拖延，反应迟钝。父母要想让孩子养成不拖延的好习惯，前提是减少催促，或者尽量不催促，要对孩子多点儿耐心，让孩子从从容容地做事情。

🖊 送孩子一块手表，强化孩子的时间观念

孩子做事拖延，很大程度上是因为他们年龄小，缺乏时间观念，甚至有些孩子根本就没有时间观念。父母可以送给孩子一块手表，让孩子准确感受到时间的流逝与变化，慢慢增强自己的时间观念。但是在送给孩子手表的时候，父母也需要注意一些方法。如果仅仅因为孩子没有时间观念就直接送给他一块手表，孩子容易出现抵触情绪，认为父母是在惩罚他没有时间观念。

父母不妨这样做：在孩子的生日或某个节日里，带孩子去钟表柜台或在网上挑选一块他喜欢的手表，让孩子拥有这块手表成为一种美好的经历。为什么一定是他自己喜欢的？因为只有这样，孩子才会经常戴着，才会时不时抬起手腕看看时间。

✏️ 和孩子一起制订一份写作业时间表，增强孩子学习的计划性和条理性

对于小学低年级的孩子们来说，很多孩子学习时没有计划，也缺乏条理。这使得他们做各科作业时，会不由自主地放慢速度，显得磨磨蹭蹭。父母可以试着和孩子一起制订每天写作业的时间表，清楚地列出每天在固定的时间点要写完的作业，同时也要安排出一定的休息时间。

需要指出的是，一旦孩子遵照作业时间表执行后，父母就要及时给予鼓励，这样有利于孩子坚持。一段时间之后，当孩子的学习计划性和条理性增强了，拖延的毛病就能大大减轻甚至消失。

✏️ 给孩子规定一个截止时间，一旦超过时间，作业必须喊停

大人们在工作的时候，为了及时完成工作，多会在一开始就规定截止日期。这种方法同样可以用于孩子写作业。父母可以给孩子立一条类似这样的规矩：晚上九点半前要写完作业，如果到了截止时间，即便没有完成，也不能再写了。

在这样的情况下，如果因为拖延没有完成作业，孩子在

学校会受到批评，或者看到其他孩子都完成了，没完成作业的自己有点儿"异类"，那么再做作业的时候，就会加快速度。

🖌 偶尔来一次小小的考试游戏，作业写得又好又快

在孩子偷懒耍滑时，偶尔也可以来一次小小的考试游戏，来激励他又好又快地写完作业。

天天的作业平时是能够准时完成的，但一到了周五，想着周末那两天的安排就兴奋，根本写不了作业。这时候，我会建议他："现在，考试开始，如果顺利通过，明天和后天任你自由选择去哪里玩！"天天一听，马上就进入考试状态了，作业写得又好又快，毕竟未来的两天很值得期待。要注意的是，这种方法只可以偶尔用，如果每天用它，那可就不起作用了。

Part6

孩子人际关系差，
父母应该怎样做

　　"伙伴危机"来了！孩子们有时会有这样一些情况：常常抱怨自己没有朋友；心里藏着秘密不想说；总是嫉妒比自己强的孩子；和伙伴们有了矛盾不知道如何解决；等等。父母该如何帮孩子渡过"伙伴危机"呢？不如试试本章中这些简单有效的小方法吧！

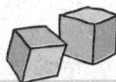

孩子无法融入小伙伴的圈子，不妨教他一些聊天技巧

- ⭐ 对于无法融入小伙伴圈子的孩子，父母不妨多说一些鼓励的话
- ⭐ 教孩子一些和小伙伴交谈的技巧，孩子就能顺利融入谈话
- ⭐ 建议孩子多多拓展知识面，这样才能和伙伴们总有话说

一次，我们一帮父母和孩子踏青，大家各自晒自己挖的荠菜，并分享挖荠菜的经验和趣事。大家你一言，我一语，渐渐地，大人们说得少了，七八个孩子叽叽喳喳地成了聊天的主角。但我注意到有个女孩子始终一言不发，有点儿怯生生的样子。

　　小女孩的妈妈正好挨着我坐着。她说起女儿是如何内向，一年前转到这所学校，至今一个朋友都没有。我注意到坐在旁边的这个小女孩脸蛋红红的，低着头，一言不发。她妈妈越说越激动，不自觉地开始唠叨、批评女孩。

　　我将话题扯开："阿姨发现你头上的蝴蝶结很特别，是从哪里买的呢？"

　　小女孩有点儿羞怯地小声说："阿姨，这是我自己做的。"

　　"哇，你竟然会做手工？阿姨小时候也做过一些手工，不过和现在不太一样。能告诉我你这蝴蝶结的材料是从哪里买的吗？"我其实就是想让她多说一些，想多了解一些她的情况，也好对她有所帮助。小女孩从头上摘下蝴蝶结让我看，告诉我关于这个蝴蝶结的制作过程。

　　我耐心倾听，并时不时地给予回应："嗯，你很细心呢！""这里多打一个结，就显得特别别致……"小女孩嘴角上扬，有淡淡的笑荡漾开来。

这时我对她说："你能跟第一次见面的阿姨聊得这么好，可见你其实是个会聊天，又很开朗的小女孩！"她的小脸又"刷"地变红了。我对她建议道："以后你教女同学们做手工呗，她们一定会觉得很有趣！而且我发现你还懂很多关于绘画的知识，想必也有很多孩子想知道，不妨和他们聊聊。"

后来的两周内，女孩的妈妈几乎每天都会和我说小女孩发生的许多变化。一个月后，这个女孩有了自己的朋友圈子。

对于无法融入小伙伴圈子的孩子，父母不妨多说一些鼓励的话

不爱说话的孩子很难融入小伙伴的圈子里。对于这样的孩子，父母不必强迫他必须同小伙伴交流沟通，而是应先鼓励他多和父母交谈，并且在交谈时，要多多给予孩子一些正面的肯定和赞美。在和孩子聊得差不多的时候，父母及时鼓励孩子在学校也和小伙伴们聊聊天。

和孩子聊天时，父母可以这样说：

"你和我聊得很好啊！"

"你能和妈妈聊得这么好，和小朋友们会聊得更好！"

"和你一起聊天真是太开心了！"

"很久没有听说过这么有趣好玩的事儿了！"

……

✏️ **教孩子一些和小伙伴交谈的技巧，孩子就能顺利融入谈话**

　　大人们都有过这样的经验：要想和大家处理好关系，并不是只要品格好就可以，会说话也是一大加分项。成人世界的交往法则同样也适用于孩子们的世界。父母可以多教给孩子一些交谈方面的技巧，孩子学会后就更容易融入伙伴们的谈话中。这里举一些简单的说话技巧。

当朋友寻求帮助时	我很乐意，我立即帮你去办
当朋友有解题妙招时	你的主意真不错
当朋友想插话时	我很想听听你的想法
想说服同学做某事时	这件事没你办不成啊

🖊 建议孩子多多拓展知识面，这样才能和伙伴们总有话说

孩子无法融入小伙伴们谈话，有些时候是因为大家所聊的话题是孩子不知道的或者不擅长的。在这种情况下，孩子即便想和伙伴们一起聊天，但是因为不知道该聊些什么，所以就选择了回避。父母可以建议孩子在学习之余，多读一些同龄人感兴趣的，诸如科普类、冒险类的书籍。这样，孩子在伙伴聊天的时候，就能够轻而易举地说到一块儿去了。

孩子对老师有看法，父母要多说老师的优点

⭐ 父母多和孩子说说老师的优点，孩子也会改变对老师的看法

⭐ 鼓励孩子成为老师办公室的常客

孩子喜欢或者不喜欢某位任课老师是很常见的事情。倘若孩子能够和任课老师交流顺畅，不仅会喜欢这个老师的课，还能在课堂上与老师积极互动，学习劲头足。但如果孩子因为不喜欢任课老师而讨厌上老师教的课，也不喜欢参与课堂互动，各方面会受影响的是孩子自己，也必然影响学习成绩。

天天也经历过这样的事情。那是三年级下学期，数学老师调走了，新的数学老师的教学方式与之前的老师不太一样。

　　以前，喜欢数学的天天在做作业时，总是将数学放在第一位，可自从换了老师，他的数学作业经常完不成；以前，他是数学课堂上互动活跃的学生，可在刚换老师的那段时间，每次上数学课他都蔫头耷脑。

　　怎么帮帮他呢？解铃还须系铃人。天天对老师有了成见，所以才会自己钻进牛角尖出不来。问题的关键是解除天天对老师的偏见。

　　人与人之间的关系确实微妙，有时候这个孩子喜欢的老师，可能在别的孩子看来却恰恰相反。父母需要打磨孩子的适应性，使孩子在老师调整时能逐步适应、接受和认可，进而帮助孩子构筑宽阔的人际处理思维。在此，与大家一起分享一些简单的小方法，帮孩子处理好与老师的关系，从而让孩子在学校里过得更阳光、更快乐。

🖊 父母多和孩子说说老师的优点，孩子也会改变对老师的看法

　　老师也是普通人，也会有这样那样的缺点，但同时必定

有非常多的优点。父母要注意，即便发现老师在某方面确实存在不足之处时，也不要在孩子面前提起。但对于老师的优点，父母应该如同拿着放大镜般放大，并要经常在孩子面前提出来。甚至是在同别人闲聊时，如果孩子在旁边，也可以同别人聊一些孩子的老师如何优秀的事情。比如：讲课方式引人入胜；关心每一个孩子；讲解问题时非常有耐心；经常和家长交流孩子在学校的一些情况。

🖉 鼓励孩子成为老师办公室的常客

多数情况下，孩子对老师有偏见，并不一定是老师在某方面做得不好，而是因为孩子和老师交流少，不了解老师。父母可以建议孩子课外多问老师一些作业中遇到的问题，甚至可以经常去老师办公室同老师探讨问题。这是消除孩子成见的大好机会，有助于改变孩子对老师的看法，而且孩子经常和老师沟通交流，老师也会更加了解孩子，彼此的关系也会更加融洽。

但是如果孩子不喜欢某位老师，拒绝和那位老师交流，更不希望成为老师办公室的常客，父母则可以用点儿小计谋来促成这件事。对于天天的情况，我是这样做的。

天天虽然不喜欢当时的数学老师，可他的好朋友鹏飞在竞选"数学小王子"，而数学老师是六大评委之一。天天是个讲义气的孩子，也很会为朋友着想。于是我就鼓励天天陪着鹏飞经常去老师办公室问问题。就这样，一来二去，天天和鹏飞成了老师办公室的常客。后来的情况是，他们那一帮孩子跟数学老师的关系越来越好，天天又爱上了数学课。

孩子嫉妒心强，积极引导更有效

- ⭐ 不拿孩子做比较，引导嫉妒心强的孩子"对事不对人"
- ⭐ 倾听孩子的嫉妒感受，给孩子讲讲自己是如何"化嫉妒为力量"的
- ⭐ 父母也要做出一个样子来，用自己的行为化解孩子的嫉妒情绪

夕阳浅照，我和天天走在一段五颜六色的鹅卵石路上，我们的影子也被拖得又长又远。天天突然给我出了一道题："我每次周末小测试成绩都不错，同桌阿超很不高兴，甚至还

摔书。求阿超的心理阴影面积！"

此应用题一出，我禁不住"扑哧"一声笑了。天天却一本正经，接下去又给我出了第二道应用题："阿超长得比天天高，足球也踢得特别好，很多女生是他的粉丝。天天不喜欢上体育课就是因为这个原因。求天天的心理阴影面积！"

我算是明白了，天天和阿超这对同桌冤家原来是相互嫉妒呢。他们的嫉妒心有多重，心理阴影面积就有多大。

"我想听听更具体的。你说说看，你不喜欢上体育课，具体是一种什么样的感觉呢？"我鼓励他说出关于嫉妒的具体事件以及情绪感受。

"就拿前天的体育课来说吧，女生们看着他踢球就鼓掌，还喊他的名字，搞得他像大明星似的，我们其他男生好没面子的……"天天越说越气愤，我偶尔给他一些回应："原来事情是这样的。""嫉妒的滋味确实不好受。"最后我来陈述一件事实："他确实会耍帅，但是他的学习成绩不如你。"天天一听就乐了。

其实，嫉妒是一种非常自然的情感，在学习方面，适度的嫉妒心甚至还能激发孩子的学习劲头，成为一种小小动力。但是如果嫉妒心过重，情绪受到严重影响，不但不利于彼此取长补短，共同进步，甚至连友谊也难以维持下去。而且如果对孩子的嫉妒心听之任之，它可能会逐渐演变为人格的一部分。又有谁愿意和一个嫉妒成性的人做好朋友呢？那么如何帮孩子化解嫉妒心理，交到更多朋友呢？

不拿孩子做比较，引导嫉妒心强的孩子"对事不对人"

一般来说，嫉妒心强的孩子在性格方面往往比较要强，一般上进心足，遇事不服输。对于这样的孩子，父母如果总是拿他和别人家的孩子做比较，孩子的嫉妒心就很容易被激发出来，甚至对他人产生敌意。因此，父母要少拿孩子同别人比较，也不要总当着孩子的面夸赞同龄人，这样都极容易引发孩子的妒意。父母要引导孩子在思考问题时拥有"对事不对人"的思维。就拿考试这件事情来说：孩子如果将关注点放在和别人比较分数上，就很容易产生嫉妒情绪。如果引导孩子将关注点放在如何考好这件事上，每次考试只和自己比，看自己有哪些进步和不足，就能激发学习劲头。不和别人比较了，自然也就不容易产生嫉妒情绪。这样的话，和同学、朋友相处起来，彼此更舒服，更愿意交往。

倾听孩子的嫉妒感受，给孩子讲讲自己是如何"化嫉妒为力量"的

当孩子出现嫉妒情绪的时候，父母应做的第一件事就是当个倾听者，认真倾听孩子的感受，给出一些感同身受的回应。这样，孩子的嫉妒情绪就能够及时得到宣泄。

当孩子宣泄完，父母可以和孩子讲一讲自己是如何"化嫉妒为力量"的。比如关于升职加薪这件事，自己可能当时也对某位同事挺不满的，有点儿小小的嫉妒。但是后来发现人家确实有能力和优势，自己所能做的不应是嫉妒，而应是更加努力，多充实自己，让自己强大起来。

父母也要做出一个样子来，用自己的行为化解孩子的嫉妒情绪

孩子都会有意无意地模仿父母的行为。如果父母很少抱怨同事、朋友，能够做到豁达大度，不斤斤计较，为人处世有大的格局，孩子也会在潜移默化中受到这种积极情绪的影响。

孩子与伙伴发生冲突，采用高明方法来解决

⭐ 对于不涉及危险的争吵和矛盾，父母可以说"你们自己想办法处理"

⭐ 当矛盾不断升级并存在危险因素时，父母要说"如果是我的话，我会这样想……"

　　某天放学，天天突然说："我不想理阿超了。"

　　"你听上去挺生气，发生了什么事？"我看着他噘嘴的样子，就知道这对同桌好友又闹矛盾了。

　　"他和阿源商量好了，周末不打算找我一起去踢球。我讽

刺了他几句，他竟然朝我举起了拳头。"他说话的声音越来越大，显然阿超的行为让他很生气。

"那确实挺让人窝火的。你是怎么回应的？"我语气平静，完全站在旁观者的角度来倾听这件事。

"我回了他一拳，并且告诉他这叫作'礼尚往来'，毕竟'来而不往非礼也'！"听罢，我和天天都笑了，从这种处理方式来看，我知道他俩明天又会好得跟一个人似的。天天对于和同学阿超吵架的处理方式，让我想起了前一阵子爬长城时遇到的一件事。

那天，我们一家爬完长城特别累，下来的时候，就想去有长椅的地方休息。可是走近了才发现，这边刚刚发生了一起打架致伤事件，竟然连警察都过来了。听旁人说才知道了事情的原委。这两家人都是带着孩子出来玩的，两个孩子因为抢一个位置发生了争执。一个孩子打了另一个孩子一下，另一个孩子没有还手，其家人看不过去，就替这个孩子打了那个孩子一拳。这一下子，使得一场孩子间的小小争执演变成大人之间的斗殴事件。

如果两个孩子在发生争吵尚未动手的时候，彼此懂得协商，互让一步，也许还能因此成为朋友。如果两个孩子动手时，父母可以采取不干预政策，让孩子自己去解决，也许孩子们前一刻还在打架，后来就又嘻嘻哈哈了。在情况实在不妙的时候，父母可以当裁判，告诉他们："如果我是你们，我会……"也许孩子们还可能成为不打不相识的朋友。

当孩子们之间产生矛盾，发生争吵或冲突的时候，父母是该及时干预，还是不管不顾，抑或是采取一些更高明的方法，使孩子们在一次次与伙伴的矛盾冲突中顺利成长呢？

✏️ 对于不涉及危险的争吵和矛盾，父母可以说"你们自己想办法处理"

孩子们一起玩耍时发生一些冲突很正常。有的时候，孩子们甚至会大打出手，但这些并不意味着他们的关系就此决裂。相反，孩子们在发生冲突后可能会思考一些这样的问题：自己如果站在对方的立场上会怎样想？应该做点儿什么来修复关系？自己是不是做得有点儿过分了？这样，孩子在经历过和伙伴们的一次次冲突后，能够学会关系的修复方法，掌握与他人交往的一些技巧。

在一般情况下，如果孩子们的矛盾冲突不存在危险因素，父母原则上不要干涉，让孩子们自己想办法解决问题。情况不严重的话，就假装没看到。倘若孩子开始告状，父母判断矛盾的性质属于"不危险级别"后，可以告诉孩子："你们自己想办法解决吧，想一想，如何做才能化干戈为玉帛？"如果自己的孩子在这次冲突中吃了亏，也不必斤斤计较。父母的这种处理态度，看似不作为，其实是向孩子传达了这样的信息：朋友间相处，对错不要过于计较，没什么大不了的问题。孩子一旦有了这样的心态，遇到冲突时自然就会豁达、友善、大度，拥有了和朋友们的相处之道，自然会吸引更多的朋友。

✏️ 当矛盾不断升级并存在危险因素时，父母要说"如果是我的话，我会这样想……"

如果孩子们之间的争吵或矛盾已经升级，无法和平解决，甚至还有危险性时，父母就要及时进行干预。具体来说，可以遵循这样的步骤。

父母扮演的是一个"公平裁判"的角色，不要偏袒任何一方。先耐心倾听双方的辩解，不要对任何一方做出对或错的判断，等他们说完，将自己的想法传达给他们："如果是我的话，虽然事情会发展到这种地步，但是我会采取这样的措

施来挽回……""想听听我的想法吗？我是这样看待这件事
的……"父母只是说出自己的想法，但不要具体指示孩子们
怎样做，让孩子们凭借自己的判断，来考虑如何好好解决这
件事。

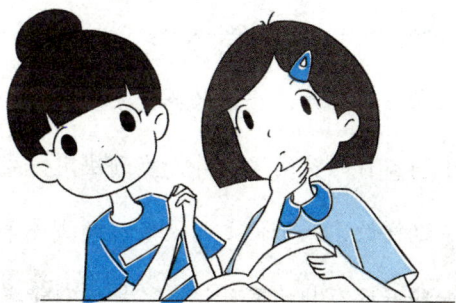

手足之间难和睦，
父母只需把话说到孩子的心坎上

★ 不要站在任何一方，否则只会使矛盾升级

★ 请孩子到各自的房间里冷静，直到决定休战

★ 父母不这样做，孩子们之间就能有效减少争吵

★ 创造一些好玩有趣的家庭仪式，增进孩子之间的感情

★ 允许孩子们共同犯错，而父母可以假装不知道

　　一帮父母闲聊时说起"生二胎"的问题。大多表示"不敢生二胎"，原因竟然出奇的一致：养孩子并不在乎奶粉钱，

可是如果生了二胎，怕老大心里不平衡。如果相处不好，手足矛盾要闹腾一辈子。这时，有位爸爸插话了："想多了，我家两个儿子，争吵打闹是经常的事，但哥俩好着呢。"

他给大家讲了一件他们家两个男孩闹矛盾的事情："哥俩相差三岁，兄弟俩平时也常吵架闹矛盾。哥哥和弟弟都经常说我们偏袒对方，不公平。我起初并不擅长处理这些事情，每次他们打得不可开交时，我自然而然会护着弟弟，将他拉开。后来，我发现这不但不能从根本上解决问题，反而使哥哥常常对我们充满怨气。我和孩子他妈渐渐对他们之间的鸡毛蒜皮的事情麻木了，有时候任由他们自己争吵。不过，很快他们又会和好如初。我们还从一位爸爸那里学会了一招。孩子们一开始争吵，我就说：'吴国和越国开战了，战争激烈。我们让勾践和夫差说说到底发生了什么事。有请……'兄弟俩争先恐后进行'现场直播'，公说公有理，婆说婆有理。在他们叙述得差不多的时候，我说：'很抱歉，我的播报至此结束。欲知后事如何，请听下回分解。'实际上，几分钟之后，兄弟俩就又开开心心地玩到一块儿去了。"

这对父母在处理手足矛盾方面可谓幽默风趣又睿智。不偏袒任何一方，引导孩子们用自己的方式化解，最终兄弟之间一点儿隔阂都没有。

家中有两个或多个孩子的，恐怕都有过这样的体会，手足之间吵架、打架是常有的事。如果处理不当，会使得他们都感到沮丧、不公平。那么，当手足发生冲突或矛盾时，父母如何处理才恰当？

✎ 不要站在任何一方，否则只会使矛盾升级

多数父母在处理孩子们的争吵时，都会不自觉地偏向更小的孩子，因为他们是"弱势群体"，年龄小，力气小，心理上也更幼稚。可是父母的这种处理方式往往会使手足之间的矛盾激化，即便争吵停止了，有时孩子和父母的隔阂反而会变得更大，觉得父母偏心。在孩子争吵时，父母正确的做法应是，不偏袒任何一方。告诉他们："我不想参与你们的争吵，你们自己想办法解决吧。"

✎ 请孩子到各自的房间里冷静，直到决定休战

父母可以给吵架的孩子提一些建议："请回到各自的房间冷静，直到决定和解才能理会彼此。"如果孩子们彼此闹得实在太厉害，就可以建议孩子们先回到各自的卧室冷静。如果

想继续争吵，那么十五分钟后再出来继续吵。这样处理之后，孩子们一般也不大会像之前那样大吵大闹。

父母不这样做，孩子们之间就能有效减少争吵

有的父母总喜欢拿两个孩子做比较。父母的初衷是好的，希望孩子们互相取长补短。但是孩子感到的是竞争和压力，也会隐隐约约对同胞心怀不满。所以，父母不要总是在孩子之间进行比较。

创造一些好玩有趣的家庭仪式，增进孩子之间的感情

父母可以为孩子们创造一些家庭仪式。比如，每周末有半天是属于全家人一起的阅读时间；下雪天是全家人一起打雪仗的日子；遇到下雨的周末的话，就是全家人吃着点心看电影的日子；每周举行一次全家人参加的家庭会议……这些全家人一起去做的事情，能很好地增进孩子之间的感情。

允许孩子们共同犯错，而父母可以假装不知道

孩子们有时候会一起做一件调皮捣蛋的事情。比如，悄悄用妈妈的口红涂抹扮鬼脸。这种并不触及原则性的事情，

父母完全可以装作不知道。别小看这种孩子们一起谋划的"事件"，它是孩子们之间的小秘密。为了守住同一个秘密，孩子们之间会更加信赖，彼此间的关系也会更加融洽。

孩子转校了，
父母这样做能让孩子很快适应新环境

★ 针对不同性格的孩子，采取不同的对话方式

★ 了解附近的一些文化、历史、特产等，让孩子对新地
  方产生兴趣

★ 父母也要在新的地方积极结交新朋友

周五晚上，已经 11 点钟了，天天仍旧不睡——他在画一幅油画。这画看上去快大功告成了。画中是几个孩子一起穿梭于一片魔幻般的彩色森林。不远处，有他们自己搭建的

树屋。风吹起他们的头发和衣服，他们的脸上都有愉快的表情……虽然这幅画的笔法有点儿稚嫩，但是几乎所有的细节，他都刻画得相当清晰。

这是送给朋友乐迪的礼物。乐迪因为父母工作变动，不得不随着父母去另一个学校上学。虽然同在一个城市，但两所学校距离遥远。

乐迪收到天天的礼物时，眼睛不停地眨动，眼圈也红红的。他突然控制不住，"哇"的一声哭了。天天安慰了他好久，他才终于不再哭了，两个孩子一起玩起了游戏。

一个月后，乐迪的妈妈在电话中和我说起乐迪转校后的种种不适应。乐迪已经去新学校一个月了，可是一个朋友都没有，他显得孤独又落寞。大人们因为换了新工作，非常忙，自然也就很少顾及孩子，况且也不知道该想点儿什么方法来帮他。

孩子突然离开自己熟悉的学校和朋友，是一件很令人难受的事情，短时间出现一些情绪问题是很正常的。那么，孩子转校后，父母应该说些什么，做些什么，才能帮孩子在短时间内适应新环境，交到新朋友呢？

🖊 针对不同性格的孩子，采取不同的对话方式

孩子的性格不同，转校对孩子产生的影响也不同。对于性格外向、不拘小节的孩子来说，适应新环境不是什么困难的事。爸爸妈妈可以多在孩子面前说一些"我挺喜欢新环境""反正都是在同一个城市，没什么太大的区别"等话语，并展现出自己非常喜欢新工作、新环境的生活态度，孩子自然而然也受到这种积极情绪和话语的影响，也会尽快适应新学校的学习和生活，尽快融入新的朋友圈。

而对于内向、多愁善感的孩子来说，环境的突然转变可能会让他们产生一些情绪问题，不能很快地适应新环境。在这种情况下，父母要多对孩子说"不管什么时候，爸爸妈妈都在你身边"，多和孩子讲一讲自己或身边的朋友小时候转学的经历。父母也要多带孩子回以前住的地方拜访老朋友、老邻居，让孩子的情绪有个缓冲期。

🖊 了解附近的一些文化、历史、特产等，让孩子对新地方产生兴趣

父母可以通过网络或通过带孩子去附近的图书馆、博物馆等途径，了解一些关于附近的文化、历史、特产等知识，

然后带着孩子去当地一些文化旅游景点游玩，带孩子去有地方特色的饭店吃饭。这样一来，孩子们会慢慢喜欢上新环境，也会慢慢接受新学校和新朋友的。

父母也要在新的地方积极结交新朋友

到了新环境中，父母也要积极结交一些新的朋友，融入新的朋友圈。周末带着孩子一起与新朋友一家出去游玩，或者与新朋友聚会的时候带上孩子。孩子看到父母积极寻找新朋友的态度，也会在潜移默化中受到影响，开始在新学校里寻找新朋友。

Part7

做高情商的父母，
孩子既独立又不叛逆

　　有些父母对孩子总有无数担心：担心孩子的安全，担心孩子的健康，担心孩子交友不慎……正因为心怀种种过度担心，"直升机式"父母激增，他们恨不得二十四小时监督孩子，热衷于将已经上小学的孩子当婴儿养。

　　父母们，请适度放手，让大自然和社会来打磨孩子吧。不妨和孩子一起行万里路，体验野外生存，做志愿者帮助别人，让孩子一起参与一些家中的大事情……如此，孩子的身心才能变得更强大。

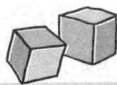

孩子怕吃苦，多带他去野外"冒险"

★ 大自然是培养孩子生存能力的好老师
★ 告诉孩子一些必要的野外生存安全知识

　　天天所在的学校，每年都会在夏季组织露营活动。当然，小学低年级的孩子们报名的寥寥无几。学校老师为了方便管理，只好将报名参加的这几个低年级孩子分配到高年级班级里，并再三叮嘱，让高年级的孩子们照顾好小弟弟或小妹妹。

　　临行前一天，校方负责人就召开家长会，告知家长们孩子参加的露营活动条件相对艰苦，但安全是有保障的。校方嘱咐孩子们要带上雨衣、遮阳帽、防晒霜、手电、驱虫剂……

校方话音刚落，就有一些父母提出很多问题："父母们能否跟着去？""孩子万一走失怎么办？""有没有紧急应对措施？""篝火晚会上万一引起火灾怎么办？"……从这些提问也能看出，父母们的内心充满恐惧感。校方只好一一解释，直到家长会散了之后，父母们似乎仍有疑虑。

那次，孩子们露营三天。天天回来后，只喊："以后再也不参加这样的露营活动了！"

"是不是很艰苦？"天天爸爸不假思索地询问道。

"相反，老爸，太没有挑战性了。哪里是去露营体验野外生存啊，分明是去悠闲地旅行嘛！"天天耸耸肩，做出一个无奈的表情。

天天提议，和老爸一起去附近的郊区搭帐篷，挖野菜，徒步。比起学校的露营，他更喜欢能够使自己得到锻炼、获得新鲜体验的露营形式。

如今，很多孩子不仅在学习中害怕吃苦，生活中也习惯了被照顾，养尊处优。父母可以经常带着孩子体验野外生存，露营扎寨，徒步辨识星座……这能大大提升孩子的生存能力。这样的孩子不惧困难，学习时得心应手，长大后也更有闯劲。

大自然是培养孩子生存能力的好老师

大自然是能培养孩子生存能力和生存技巧的好老师。孩子们从自然界中学到的东西最终会转化为他们处理和应付生活中遇到的各种问题的智慧。

父母可以抽出一些时间带孩子一起去野外冒险。父母和孩子一起搭帐篷，一起跋山涉水，一起潜水冲浪，一起寻找可以吃的野味，一起取火烹食。

在野外生存的体验中，孩子的体魄变得更强健，动手能力、观察能力、统筹能力、应变能力、决断力以及团队合作能力都会大大提升，孩子会变得更有担当，更有责任感，更为勇敢。

告诉孩子一些必要的野外生存安全知识

父母在和孩子一起进行野外生存体验时，除了要告诉孩子一些如何寻找水源，如何规划路线等野外生存知识之外，还要多告诉孩子一些野外生存安全知识。比如：什么样的野菜和蘑菇不能采；什么样的鱼是有毒的；毒蛇长什么样，遇到毒蛇该怎么办；野外遇到紧急情况，要用什么样的方法求救；等等。

孩子没有同情心，让他去当小小志愿者

★ 和孩子一起去做志愿者

★ 排队等小事也有助于品格养成

★ 保护环境——己所不欲，勿施于人

　　暑假快结束时，天天突然说："妈妈，我怎么觉得这个暑假少做了点儿什么事？"

　　是啊，我也觉得少了点儿什么。仔细想想，天天的暑假作业早就写完了，课外书籍也读了不少，每天练跆拳道和绘画，还会找上几个小伙伴一起出去玩。他也很懂事，每天帮我们做点儿家务。这个暑假过得很充实。但少了什么呢？

我正在想着，天天突然兴奋地喊道："我知道了，我们有好一阵子没跟着'青苹果'叔叔和'柠檬'阿姨去做志愿者了！"一语道破天机。原来做好事也会上瘾。

"青苹果"叔叔和"柠檬"阿姨经常在工作之余，组织一些小区居民一起参与一些志愿者活动，比如陪福利院的儿童过一天，去养老院帮老人做一些力所能及的事情，等等。

天天跟着大家去过几次福利院，那里的孩子们身世都十分可怜，天天很同情他们。每次去了，都要帮他们做一些事情，比如给他们带些玩具和图书，清理院落，和孩子们一起做游戏……

天天在做志愿者收获了什么呢？除了体验到帮助他人的快乐，还有更重要的一点，他比从前更有同情心了，更懂得站在别人的角度思考问题了。

和孩子一起去做志愿者

孩子优秀品格的养成比分数重要得多，尤其是品格中的同情心。有同情心的孩子，能够站在他人的角度，为别人着想。这样的孩子情商比较高，能够交到更多的朋友。

父母平时可以和孩子一起去参与一些公益活动，让孩子接触更多的人，帮助更多的人。在这个过程中，孩子自然而然地就能学会站在别人的角度看问题，设身处地地为别人着想。这种美好的品性也会使孩子格外受欢迎。

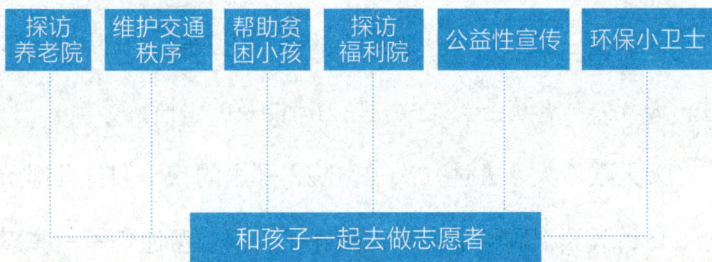

探访养老院	维护交通秩序	帮助贫困小孩	探访福利院	公益性宣传	环保小卫士

和孩子一起去做志愿者

当然，培养孩子的爱心，并不单单是和孩子一起当志愿者，生活的点点滴滴中也都藏着培养孩子美好品格的好机会。

✎ 排队等小事也有助于品格养成

父母们不要小瞧了排队这件事情。它其实可以培养孩子的多种品格以及社会规则意识。甚至还有教育学家提出，能够自觉排队的孩子在学习能力方面往往领先于其他孩子。

实际上，很多小孩在公共场所并不喜欢自觉排队，过马路或者买票的时候，总是喜欢抢第一个位置。对此，父母可以多对孩子说说自觉排队的好处，还可以给孩子讲讲"中国式过马路""踩踏事件"等社会问题。这样，孩子就能明白，自觉排队不仅是个人素养以及遵守社会公德的问题，而且还能减少危险事件的发生。

在孩子过马路时，要提醒他注意交通规则，另外，也可以和孩子一起帮助行动不便的人。比如，可以告诉孩子什么是"老吾老，以及人之老"，主动帮助行动不便的老人过马路。

✎ 保护环境——己所不欲，勿施于人

有些孩子有乱扔果皮和垃圾的习惯，没有"把垃圾扔进垃圾桶"的概念，也从来不会想到自己随手扔掉的果皮之类的会不会使路人滑倒，随口吐出的口香糖会不会使环卫工人难以清理……父母若及时教给孩子一些环保知识，不仅能提升孩子的环保意识，孩子在坚持环保的过程中，还能渐渐培养出"己所不欲，勿施于人"的品性。

有时候，父母可能觉得不知道从何处入手来教给孩子一些环保知识。其实，身边的很多小事几乎都与环保有关。平时去菜市场买菜时，用环保袋而不用塑料袋，告诉孩子塑料

袋严重污染环境，在自然环境中很难降解，焚烧的话又会污染空气；逢年过节放鞭炮的时候，给孩子讲一讲放鞭炮会产生一氧化碳、二氧化碳、二氧化硫等气体，会造成大气污染，还会产生噪声污染；等等。

孩子不了解生活，
不妨给他创造一些了解生活的机会

⭐ 给孩子创造一些独立的机会，信任而不是过度保护
孩子

⭐ 父母也可以邀请孩子一起参与一些家中的重大事情

"天天的绘画兴趣班 500 元，全家人购置衣服费用……"
我正在计算当月的收入和花销。天天看到了，嘀咕道："妈妈，
你可真不够洒脱，家里不至于如此缺钱吧，这么算计呢！"

我有点儿哭笑不得，真是不当家不知柴米贵。不过很快

一个极妙的主意闪过大脑：何不趁此机会，让儿子来独立当回家？

"天天，你是不是认为当家很容易？"我先试探着问他。

"有什么难的？不就柴米油盐几件事？"他说完拍拍小胸脯，身体前倾，眼睛睁得圆圆的，"老妈，要不我来当一回家？"

于是我们一拍即合，从此，天天就多了一份特殊作业——独立当家，作业的期限是一个月。我把当月的生活费给他，让他来管理并记录。

第一个星期：天天当家，花钱大手大脚，想买的统统买回家。我们朝他要零花钱，也是"每求必应"。我和天天爸爸故意朝他伸手要了很多零花钱。天天觉得做小当家的真是太幸福了。

第二个星期：天天发现吃喝拉撒处处都是花钱的地方。这个星期，家里出现了一些意外状况——电视坏了，电脑坏了，厨房下水道堵了，当然，这些意外是我和天天爸爸人为制造的，天天并不知道。而请来维修的人，其实是天天爸爸的一个朋友，天天并不认识。他只知道处处都需要钱，可谓"花钱容易，挣钱难"。

第三个星期：既有长辈过生日，又有值得庆贺的节日，就这样，天天手中的钱"哗啦啦"地跑出去了。天天不再随便给我们零花钱了，他自己也减少了开支。

第四个星期：花出的钱远远超出预期，天天手中几乎不剩钱了，本星期的最后一天，我们吃了一天的方便面，天天说这是为了省钱，并让大家都记住，以后花钱要靠谱！

天天自从体验了独立当家后，从前王子般的生活就画上了句号。

给孩子创造一些独立的机会，信任而不是过度保护孩子

很多父母一方面抱怨自家孩子不独立，依赖性强，另一方面却不舍得给孩子创造独立的机会，比如让孩子独立做一顿饭，单独去买些生活用品……这些父母害怕孩子做饭被烫伤，害怕孩子独自去买东西遇到危险……

父母的这种不信任和过度保护的做法，使孩子对生活缺乏了解，内心软弱且缺少安全感。

对于这个年龄段的孩子，父母其实可以在一些小事情上给予孩子一些独立的机会。比如周末的清晨，享受一顿孩子独自做的早餐；如果学校和家距离并不远，三年级的孩子是

可以独自去上学的；给孩子当家的机会，让孩子有机会接触并思考如何处理柴米油盐等生活杂事。

✐ 父母也可以邀请孩子一起参与一些家中的重大事情

父母也可以邀请孩子参与一些家庭重大决策。这不仅会使孩子感受到父母对自己的重视，觉得自己对家庭很重要、很有价值，而且在参与的过程中，父母的信任能使孩子在独立的路上走得更远。

我们举一个简单的例子。比如要买第二套房子，可以让孩子参与这件事，从地理位置、政策影响、附近的发展机遇等多方面来综合考虑。去看房的时候，也要带上孩子，让他一起来参与户型评定等问题。家庭里的大事多让孩子参与，非常有助于培养孩子的独立性。这样，孩子不仅在行动上渐渐变得独立性较强，在思想上也会逐渐变得有主见。

孩子不够勇敢，
参加校内竞选是锻炼他的好机会

⭐ 教给孩子一些实用的竞选方法

⭐ 鼓励孩子竞选时用一些逆向思维，多向大家展示自己
   独特的一面

⭐ 告诉孩子"过程比结果更重要，努力比过程更重要"

"天天，快点儿出来玩！"楼下传来鹏飞的大嗓门。如果在平时，天天恨不得立即就飞奔下去和大家一起玩耍。可今天他坐得稳稳的。原来，他在写竞选班长的演讲稿。

之前，天天更愿意当学习委员、数学课代表之类的班级职务。但这次不同了，天天想竞选班长了。

　　不想当将军的士兵不是好士兵，我和天天爸都非常支持天天竞选班长。天天以前当选数学课代表和学习委员都是轻而易举的，因为数学是他擅长的科目。可是，竞选班长就不是那么简单的事情了。

　　天天起初只写了一份简简单单的竞选班长的演讲稿，内容并无新意，无非是说说自己如何想当班长，希望获得大家的支持。我看了他的演讲稿，给他讲了一些大人们竞选职位时所用的一些方法。我还启发他如果他当班长，他应有什么样的表现，如何更好地为班级服务，会使班级产生什么样的变化……后来，他下了一番功夫思考，一再修改演讲稿，最终赢得很多票数，自然而然地成为三年级下学期的班长。

　　孩子无论是竞选班长，还是参加校内其他一些竞选活动，都是他成长的一次好机会。孩子在竞选的过程中能学会很多东西，诸如会认真思考自己如何让自己变得更优秀，如何更好地展现自己，如何在大家面前轻松演讲，如何与不同的人相处，如何赢得同学们的信任，等等。这些都是在书本上学不到的，但长大后想要有一番作为，这些又都是必备的。那么，当孩子想参加校内竞选时，父母该如何当好参谋长和啦啦队长呢？

🖌 教给孩子一些实用的竞选方法

孩子们的世界就是一个小社会，孩子们成长的过程也是一个逐渐社会化的过程。比如，可以让孩子了解一些成人参加竞选的规则和方法，可以给孩子讲一讲那些有名的人物是如何为自己拉选票的。比如一些政要人物在竞选时，会明确让人们知道，如果他能当选，会给大家带来何种好处，会让大家的幸福指数提升多少等，并且他也的确在试着这样做。如此一来，他就会赢得更多的票数，更有入选的把握。当然，要告诉孩子：只有自己变得更优秀，并打心底为别人着想，为班集体服务，别人才会支持他。

🖌 鼓励孩子竞选时用一些逆向思维，多向大家展示自己独特的一面

父母还可以鼓励孩子们"剑走偏锋"，用一些与大家不一样、别出心裁的方式来博得关注，比如可以在演讲结束时展现才艺，也可以用快板的形式来演讲等。

天天的同学蜜桃也参加了班长竞选。她的演讲是脱稿的，说话声音非常洪亮，一点儿都不怯场。演讲结束后，她给大家表演了一个很有趣的小魔术。如果说前半段的表现可能并不能吸引更多同学，那么最后这一点却足以为她多获几张投票。

✎ 告诉孩子"过程比结果更重要，努力比过程更重要"

　　孩子参加任何形式的竞选活动，父母都应当让孩子明白这样一个道理：过程比结果更重要，努力比过程更重要。无论竞选的结果如何，至少在这个过程中，孩子的一些能力得到了提升。而孩子为此努力的过程、认真的态度要比这件事情的结果更有价值。